historia bíblica de José lo que nos animará a salir adelante y nos mostrara cómo Dios puede redimir los tiempos difíciles para su gloria y propósito».

—Jim Daly, presidente, Enfoque en la Familia

«No hay ninguna duda que estamos viviendo tiempos turbulentos. ¡Cómo deseamos que nuestras tormentas, pruebas, desilusiones y retos tengan un propósito más allá de nuestro dolor! En este libro Max nos muestra magistral e irresistiblemente cómo nuestras grandes pruebas y nuestros peores errores pueden transformarse en plataforma de lanzamiento a nuestro destino. No se desperdicia nada. No te rindas. *Saldrás de esta.* Yo estuve fascinado desde la primera palabra hasta la última».

—Christine Caine, fundadora de la Campaña A21
y autora del éxito de librería

«Como alguien que ha luchado y sufrido, sé que este mensaje es no solo verdad, sino que es absolutamente decisivo. Dios no quiere que la gente pase por la vida sin saber esto. Por favor, no lo hagas tú».

—Eric Metaxas, autor del éxito de librería del *The New York Times, Bonhoeffer: Pastor, mártir, profeta, espía*

«Max Lucado y José, el de la túnica de colores, son una combinación triunfadora. Desafío a cualquiera a leer este libro y no sentirse alentado».

—John Ortberg, pastor principal de la Menlo Park Presbyterian Church y autor de *¿Quién es este hombre?*

«Como el propio título lo dice, todos los que alguna vez se han sentido golpeados y desanimados por las circunstancias deberían leer este libro. Max no solo habla de su experiencia personal, sino que nos apunta a las historias en la Escritura de la fidelidad de Dios y nos recuerda que ningún seguidor jamás ha sido abandonado en su tránsito por la vida. Max no solo está confortándonos, sino que nos está mostrando quien es Dios: un rescatador, un liberador que se deleita en la redención de su pueblo».

—Laura Story, ganadora de un Grammy y autora de los éxitos musicales «Indescribable» y «Blessings»

«En su nuevo libro, *Saldrás de esta*, Max ofrece mucha sabiduría práctica necesaria para quienes están enfrentando obstáculos que parecen imposibles de superar. Si tú necesitas consuelo, aliento o esperanza, este libro te revelará la fidelidad de Dios y te dará fe para creer que saldrás de esta».

—Craig Groeschel, pastor principal de LifeChurch.tv, autor de
Ego en el altar

«Cada libro de Max Lucado es una obra de arte individual que revela verdades profundas a través de una prosa poderosa y una historia brillante. *Saldrás de esta* no es la excepción. Desarrollando magistralmente episodios de la vida de José, este libro te dejará con una sensación abrumadora de que su presencia irá contigo y que su profundo amor hará que te realices plenamente. Y su profundo amor te permitirá una realización plena».

—Wayne Cordeiro, pastor de New Hope Christian Fellowship

«A veces, cuando no puedo ver más allá de mis circunstancias, me siento tan ansiosa como un gato de cola larga en un cuarto lleno de mecedoras. Pero en *Saldrás de esta*, Max me recuerda que Dios está *siempre* en control y que su providencia nunca me permitirá ir a donde su gracia no me sustente».

—Lisa Harper, maestra de Biblia, autora y conferenciante en
Women of Faith®

«La mayoría de nosotros conoce la historia de la túnica de colores, los sueños y los hermanos celosos. Sabemos cómo José terminó en el fondo de la cisterna e incluso podemos recordar cómo salió. Pero hemos fallado en mirarnos en el espejo de la historia de José. Todos estamos ante un pozo, ¿no es así? En *Saldrás de esta*, Max Lucado ofrece consejos prácticos que son tanto sabios como compasivos. Nos permite recordar que el Dios que redimió la historia de José está redimiendo la de cada uno de nosotros».

—Mark Batterson, autor del éxito de librería del *The New York Times*, *El hacedor de círculos*

«De vez en cuando, cada uno de nosotros se ve enfrentado a «pruebas, dificultades e insidias». En su estimulante nuevo libro, Max Lucado nos ofrece, en forma impresionante, consuelo y esperanza para nuestros momentos más oscuros. En su estilo inimitable, va entretejiendo la poderosa historia

Elogios para *Saldrás de esta*

«El último libro de Max Lucado, *Saldrás* ala hondo en lo que significa pasa como y ne er tiempos a la vez que da una visión esperanzadora y realista sobre dónde está Dios en el proceso. Seamos realistas. A veces la vida es dura y es fácil preguntarse dónde está Dios en medio de estas tribulaciones. Max da en el clavo. Como alguien que ha cometido un montón de errores y ha pasado por épocas duras, me alegra enormemente que Max haya escrito este libro».

—Dave Ramsey, autor de éxito de librería del *The New York Times* y animador radial sindicalizado

«Es muy común que algunos ministros cristianos se dediquen a vender el elixir mágico de "cree y lo lograrás", lo cual rápidamente puede remitir nuestros dolores y problemas permitiéndonos disfrutar de una vida libre y fácil. Es popular, pero hay un pequeño detalle: no es real. La verdadera fe no nos saca *del* problema, sino que nos lleva *a través* de él. Max Lucado es uno de los autores cristianos más confiables porque su mensaje habla a las personas que no están viviendo un cuento de hadas, sino un camino de fe. Su último libro echa sus raíces en la realidad y en la Escritura. Te ayudará».

—Gobernador Mike Huckabee, anfitrión en *The Mike Huckabee Show* en el Canal de noticias Fox y del *Huckabee Report* en la red radial Cumulus. Por cinco veces declarado el autor de más venta por *The New York Times*

«Max Lucado tiene un talento especial para conquistarse al lector con la primera frase y mantenerlo cautivado hasta la última palabra. Pero es en el contenido de las páginas desde donde lo lleva a la verdadera médula: la verdad. En su más reciente libro, Max hace la historia de José de hace cuatro mil años tan relevante como si se tratara de algo que ocurrió hoy. Y tú, definitivamente, terminarás seguro que "saldrás de esta", lo que sea que se trate en tu vida».

de la cuarta hora del programa *Today*

«Cuando los tiempos son difíciles, todos podemos hacer uso de algo de tranquilidad. Como un amigo probado y auténtico, Max Lucado entrega las verdades bíblicas en un estilo alentador. Sus palabras te traerán alivio en el presente y esperanza para el futuro. *Saldrás de esta* te ayudará a conseguirlo. *Saldrás de esta* es mucho más que un título; es una promesa».

—Dave Stone, pastor de la Southeast Christian Church,
Louisville, KY

«Max Lucado hace sonar la trompeta de la victoria al llevar al lector en un viaje a través de las ruinas de la vida de José y su transformación en el segundo hombre más importante de su generación. En la medida que a través de la vida de José reconozcas tus propios sueños desbaratados y tu corazón roto, podrás aprender a confiar en las verdades infalibles de Dios».

—Janelle Hail, fundadora y CEO de la National Breast Cancer
Foundation, Inc.

«Este es un mensaje para cambio de vida, compartido en un tiempo crítico en la forma que solo Max puede hacerlo. No importa por lo que estés pasando, encontrarás esperanza y fuerzas para mantenerte en pie cuando todo a tu alrededor amenace con venirse al suelo. Max nos da un recordatorio profundo de que Dios está en control».

—Sheila Walsh, autora de *Dios ama a las personas rotas... y a las
que pretenden no estarlo*; y conferenciante de Women of Faith®

«Las personas afligidas viviendo en un mundo cruel necesitan más que buenos deseos para seguir viviendo. Los buenos deseos pueden ayudarnos a enfrentar momentos difíciles pero difícilmente nos llevarán más allá de eso. Necesitamos algo grande, genuino y confiable para que eso ocurra. Afortunadamente, adoramos a un Dios que está en el negocio de la esperanza. En *Saldrás de esta*, Max Lucado capta el sonido de su voz con toda su gracia gloriosa. Si la vida te ha derribado, este libro te mostrará cómo volver a levantarte y permanecer de pie».

—Dr. Tim Kimmel, autor de *Crianza llena de gracia*

«Todos encontramos capítulos en nuestras historias personales cuando la vida no va como quisiéramos. En su estilo clásico, Max Lucado extrae de la de José de fiel resistencia con la propia nuestra, llamándonos a descansar en las promesas de Dios mientras él nos lleva a través del valle de sombras hacia un brillante nuevo día».

«No importa cuán desolada sea nuestra realidad, Dios es mucho más grande. Y porque él es bueno y está motivado por un intenso amor hacia cada uno de nosotros, puede y nos llevará a través de la montaña de adversidad y del valle de sombra de muerte. Su presencia será suficiente mientras ejerce su poder y usa el dolor para una mayor y eterna gloria. ¿Y quién mejor para llevarnos por estas verdades reconfortantes? Nadie como Max Lucado. Solo su corazón pastoral rivaliza con su genio de escritor, y los dos juntos te llevarán adelante con la confianza que *Saldrás de esta*. Deja que Jesús use a Max para guiarte a través de los tiempos más turbulentos de tu vida».

«Puedo ver desde mi propia vida que mis pruebas y tribulaciones me han enseñado mucho más acerca de la dulzura de Cristo que mi afluencia y los más felices tiempos que jamás he tenido. Dios nos está enseñando y preparándonos para su verdadero plan para nuestras vidas a través de pruebas y tribulaciones de este mundo caído. Max hace un impresionante trabajo usando la historia de José para mostrarnos que Dios nos llevará adelante no solo para sobrevivir, sino para hallar nuestro verdadero llamado en su plan divino».

«Max Lucado siempre cumple. ¡Sus escritos son lectura obligatoria! *Saldrás de esta* brinda ánimo, un sentido de dirección y, por último, una dosis verdadera y necesitada de esperanza. ¡Te lo recomiendo!».

saldrás

de

esta

saldrás de esta

ESPERANZA Y AYUDA EN TIEMPOS DIFÍCILES

MAX LUCADO

GRUPO NELSON
Una división de Thomas Nelson Publishers
Desde 1798

NASHVILLE   DALLAS   MÉXICO DF.   RÍO DE JANEIRO

© 2013 por Grupo Nelson®
Publicado en Nashville, Tennessee, Estados Unidos de América. Grupo Nelson, Inc. es
una subsidiaria que pertenece completamente a Thomas Nelson, Inc. Grupo Nelson es
una marca registrada de Thomas Nelson, Inc. www.gruponelson.com

Título en inglés: *You'll Get Through This*
© 2013 por Max Lucado
Publicado por Thomas Nelson, Inc.

Editora en Jefe: *Graciela Lelli*
Traducción: *Eugenio Orellana*
Adaptación del diseño al español: *Grupo Nivel Uno, Inc.*

ISBN: 978-1-60255-787-1

Impreso en Estados Unidos de América

14 15 16 17 RRD 9

A Cheryl Green
Perseverante, sabia, llena de gozo y de fe.
Gracias por las innumerables horas de servicio que
le has dado al ministerio UpWords en la Iglesia
Oak Hills. Modelas el servicio cristiano.

contenido

Reconocimientos

Liz Heaney y Karen Hill, editoras ejemplares. Nunca podré agradecerles suficientemente tantas horas de dedicación y trabajo.

Al equipo editorial de David Moberg, Paula Major, Liz Johnson, LeeEric Fesko, Greg y Susan Ligon, así como también a Jana Muntsinger y Pamela McClure. Una vez tras otra, ustedes nos abrumaron con su creatividad y servicio abnegado.

A Steve Green y su esposa Cheryl, a quien dedico este libro. Ustedes nunca han buscado aplausos; siempre difieren el crédito que se merecen. Pero todos nosotros, los que dependemos de ustedes, sabemos que nos hundiríamos como una piedra sin su contribución.

A Carol Bartley, editora de copia. Entre tú y la gracia de Dios han borrado todos mis errores. Tú marcas la pauta, querida amiga. Qué bueno es tenerte en el equipo.

A Randy Frazee, pastor principal de nuestra Iglesia Oak Hills, y a Mark Tidwell, nuestro ministro ejecutivo. Me siento honrado de llamarlos mis amigos.

A la Iglesia Oak Hills. La publicación de este libro coincide con el vigesimosegundo aniversario de nuestro servicio juntos. ¡Quiera Dios concedernos veinticinco más!

Al anciano David Treat. Un agradecimiento especial por tus oraciones y tu presencia pastoral.

A Margaret Mechinus, Tina Chisholm, Ashley Rosales y Janie Padilla. Ustedes atienden cada detalle desde la correspondencia hasta las órdenes de pedido. Una vez más, ¡gracias!

A David Drury. Siempre estás al tiro de un telefonema o de un correo electrónico. Tu mente teológica es una bendición.

Puesto que este es mi trigésimo libro de no ficción, es apropiado agradecer a las librerías, tanto físicas como electrónicas, por tres décadas de labor juntos.

Además, a mis hijas y a mi yerno, Jenna, Brett, Andrea y Sara. Ustedes ocupan el primer lugar en mi corazón y en mis pensamientos.

Y a Denalyn, mi querida esposa. Eres una luz en mis oscuridades, siempre cariñosa y radiante. Te amo.

CAPÍTULO 1

Saldrás de esta

Estaba temblando, con ese temblor interior que se puede sentir con solo ponerle la mano en el hombro. La vi en la tienda de comestibles. Hacía meses que no la veía. Le pregunté por sus niños y por su esposo; cuando lo hice, sus ojos se humedecieron, su quijada se contrajo y me contó la historia. Él la dejó. Después de veinte años de casados, tres niños y una docena de mudanzas, se fue. La cambió por una joven modelo. Hacía lo posible por aparentar calma, pero no pudo. La sección de verduras de la tienda se transformó en un santuario de confesiones. Allí, entre tomates y lechugas, lloró. Oramos. Luego, le dije: «Saldrás de esta. No será sin dolor. No será de un día para otro. Pero Dios usará este lío para bien. Mientras tanto, mantén la calma y no hagas ninguna tontería. No te desesperes. Con la ayuda de Dios, saldrás de esta».

Dos días después recibí la llamada de un amigo. Acababa de perder su empleo. Había cometido una estupidez al hacer algunos comentarios inapropiados en el trabajo. Tonterías. Pero su jefe lo despidió. Ahora, a sus cincuenta y siete años, era un gerente desempleado en medio de una economía que se caía a pedazos. Se sentía terrible y, a través del teléfono, sonaba peor. Su esposa estaba furiosa. Los hijos, sin saber qué pensar. Necesitaba que alguien le dijera algo que le ayudara. Lo hice. «Saldrás de esta. No será sin dolor. No será de un día para otro. Pero Dios usará este lío para bien. Mientras tanto, mantén la calma y no hagas ninguna tontería. No te desesperes. Con la ayuda de Dios, saldrás de esta».

Luego fue la joven adolescente a quien encontré en el café donde trabaja. Está terminando su secundaria y espera ir a la universidad el mes que viene. Su vida no ha sido fácil. Cuando tenía seis años, sus padres se divorciaron. Cuando cumplió los quince, se casaron de nuevo solo para volverse a divorciar a los pocos meses. Hacía poco, su padre le había dicho que tenía que decidir si quería vivir con su madre o con él. Se le asomaron las lágrimas cuando me describió su situación. No tuve chance de decirle esto, pero si la vuelvo a encontrar, puedes apostar a que la miraré directamente a los ojos y le diré: «Saldrás de esta. No será sin dolor. No será de un día para otro. Pero Dios usará este lío para bien. Mientras tanto, mantén la calma y no hagas ninguna tontería. No te desesperes. Con la ayuda de Dios, saldrás de esta».

¿Atrevido yo, eh? ¿Cómo me permito decir eso? ¿De dónde saco la audacia para hacer tales promesas en medio de una tragedia? En realidad, de un hueco, oscuro y profundo. Tan profundo que el muchacho no habría podido salir solo. Si hubiese podido, sus hermanos lo habrían echado de nuevo al fondo. Ellos fueron los que lo habían arrojado allí.

> Sucedió, pues, que cuando llegó José a sus hermanos, ellos quitaron a José su túnica, la túnica de colores que tenía sobre sí; y le tomaron y le echaron en la cisterna; pero la cisterna estaba vacía, no había en ella agua. Y se sentaron a comer pan. (Génesis 37.23–25)

Era una cisterna abandonada. Rocas filosas y raíces cubrían sus contornos. El muchacho de diecisiete años yacía en el fondo. Barba incipiente, brazos y piernas delgados. Manos y pies atados. Tendido sobre su costado, con las rodillas contra el pecho, apretujado en aquel espacio tan pequeño. El suelo estaba húmedo con la saliva que babeaba. Su mirada, desorbitada por el miedo. Su voz, enronquecida de tanto gritar. No era que sus hermanos no lo escucharan. Veintidós años más tarde, cuando una hambruna había doblegado su arrogancia y su sentimiento de culpa había humedecido su orgullo, habrían de confesar: «Vimos la angustia de su alma cuando nos rogaba, y no le escuchamos» (42.21).

Estos son los bisnietos de Abraham. Los hijos de Jacob. Portadores del pacto de Dios a una galaxia de gente. Las tribus habrían de llevar sus estandartes. El nombre de Jesucristo habría de aparecer en su árbol genealógico. En la Escritura son equivalentes a la realeza. Pero en aquellos días, eran la versión de la Edad del Bronce de una familia disfuncional. Pudieron haber tenido su propio programa *tele real* en la televisión. A la sombra de un sicómoro, escuchando los ruegos de José, comían su pan y se pasaban el odre de vino. Crueles y torpes. Corazones tan duros como el desierto cananeo. Les interesaba más el almuerzo que la vida de su hermano; despreciaban al muchacho. «Le aborrecían, y no podían hablarle pacíficamente... le aborrecieron aun más... lo odiaban... le tenían envidia» (37.4–5, 8, 11).

He aquí por qué. Su padre lo consentía como a un becerro mimado. Jacob tenía dos esposas, Lea y Raquel, pero un amor, Raquel. Cuando esta murió, Jacob mantuvo su memoria viva consintiendo a su hijo preferido. Los hermanos trabajaban todo el día. José jugaba todo el día. Ellos usaban ropa comprada en la tienda de segunda. Jacob le dio a José una túnica multicolor, hecha a mano con mangas bordadas. Ellos dormían en un galpón. Él tenía una cama *muy grande* en su dormitorio privado. Mientras ellos apacentaban el ganado de la familia, José —el hijo querido de papá—, se quedaba en casa. Jacob trataba a su hijo número once como si hubiese sido el primogénito. Los hermanos escupían cuando veían a José.

Decir que la familia estaba en crisis sería como afirmar que una choza de paja se estremece bajo un huracán.

Aprovechando que se encontraban lejos de casa, quizás a unos noventa kilómetros de la protección de papá, los hermanos cayeron como plaga de langostas sobre él. «*Quitaron* a José su túnica [...] y le *tomaron* y le *echaron* en la cisterna» (vv. 23–24).[1] ¡Qué verbos más desafiantes! No solo querían matarlo, sino, además, esconder su cuerpo. Fue un encubrimiento sanguinario desde el principio. «Diremos que alguna mala bestia lo devoró» (v. 20).

José nunca se imaginó lo que se le venía. No saltó de la cama esa mañana pensando: *será mejor que me ponga la ropa acolchada porque hoy es cuando me van a echar al pozo*. El ataque lo tomó por sorpresa.

Así ha ocurrido contigo. A José, el foso, se le presentó en forma de cisterna. Quizás en tu caso haya llegado en forma de un diagnóstico, un hogar adoptivo o un accidente traumático. A José lo tiraron a un hoyo y lo despreciaron. ¿Y a ti? En una fila de desempleados buscando trabajo y olvidado. Lanzado a un divorcio y abandonado, en una cama y maltratado. El foso. Una forma de muerte, seca y severa. Algunos nunca logran recuperarse. La vida se reduce a una búsqueda: salir y nunca más sufrir ataque alguno. No es fácil lograrlo. De los fosos no es fácil salir.

La historia de José empeoró antes de mejorarse. El abandono dio paso al avasallamiento, este a la captura y finalmente a la reclusión. Fue atacado a traición. Vendido. Maltratado. La gente hizo promesas solo para quebrantarlas, ofreció regalos solo para quitarlos de nuevo. Si el maltrato fuera un pantano, José habría estado sentenciado a una vida de trabajo forzado en los Everglades.

Pero él nunca se dio por vencido. La amargura no fue parte de su clamor. La rabia nunca se transformó en odio. Su corazón nunca se endureció; su propósito nunca se desvaneció. No solo sobrevivió; prosperó. Ascendió como un globo inflado con helio. Un oficial egipcio lo promovió a mayordomo. El carcelero lo puso sobre los presos. Y Faraón, la autoridad máxima en el planeta, lo puso a servir como su primer ministro. Al final de su vida, José fue el segundo hombre más poderoso de su generación. No es una hipérbole afirmar que salvó al mundo de morir de hambre. ¿Cómo se vería todo eso en un *curriculum vitae* o resumé?

José

Hijo de Jacob

Graduado con honores de la Universidad de los Golpes Duros

Director de esfuerzos globales para salvar a la humanidad

Triunfó

¿Cómo? ¿Cómo fue que prosperó en medio de la tragedia? No es necesario que especulemos. Unos veinte años más tarde, los papeles se invirtieron. José era el fuerte y sus hermanos los débiles. Llegaron a él presas del miedo. Temían que ajustara cuentas y los mandara a todos a un foso que ellos mismos cavarían. Pero José no hizo nada de eso. Podemos ver su inspiración en su explicación.

Vosotros pensasteis hacerme mal, pero Dios lo tornó en bien para que sucediera como vemos hoy, y se preservara la vida de mucha gente. (50.20, BLA)

En las manos de Dios lo que se planea para mal puede llegar a ser un bien.

José se ató a la columna de esta promesa y fue fiel a ella toda su vida. Nada en su historia pasa por alto la *presencia* del mal. Al contrario. Manchas de sangre y huellas de lágrimas yacen por doquier. El corazón de José fue maltratado en carne viva con ruda deslealtad e injusticia. Pero, una vez tras otra, Dios lo rescató del dolor. La túnica de la discordia se transformó en una de la realeza. El foso, en palacio. La familia dividida se volvió a unir. Todos los intentos por destruir al siervo de Dios terminaron fortaleciéndolo.

«Ustedes *trataron* de hacerme mal», les dijo a sus hermanos, usando un verbo que en hebreo relaciona su significado con «tramaron» o «trenzaron».[2] «Ustedes *tejen* para el mal», les dijo, «pero Dios lo reteje y lo convierte en bien».

Dios, el Maestro Tejedor. Toma los hilos y entremezcla los colores, las hebras toscas con las de terciopelo, los dolores con las alegrías. Nada está fuera de su alcance. Los reyes, los tiranos, el tiempo y cada molécula obedecen sus órdenes. Él pasa a través de las generaciones y, a medida que avanza, va tomando forma el diseño. Satanás teje; Dios reteje.

Y Dios, el Maestro Constructor. Este es el significado de las palabras de José: «Dios lo tornó en bien, para que *sucediera* como vemos hoy».[3] La palabra hebrea traducida aquí como *tornó* es un término usado en construcción.[4] Describe un trabajo o proyecto de edificación. Comparable con el que tengo que encontrarme cada mañana. El estado de Texas está reconstruyendo una autopista que pasa cerca de mi casa. Se están reduciendo tres carriles a uno, transformando un desplazamiento matutino en un ajetreo de todo el día. El proyecto interestatal, como la historia humana, ha estado en desarrollo desde antes del inicio de los tiempos. Las excavadoras revolotean sobre mi cabeza a diario. Los obreros levantan señalizadores y palas mientras millones de personas rezongamos. Bueno, por lo menos yo lo hago. *¿Cuánto irá a durar esto?*

Los vecinos de al lado de mi casa tienen una reacción diferente hacia el proyecto. Tanto el esposo como la esposa son ingenieros de carreteras y consultores del departamento de transporte. Ellos tienen que soportar los embotellamientos del tráfico y los desvíos como el resto de nosotros pero lo hacen con una mejor actitud. ¿Por qué? Porque conocen del proyecto lo que los demás ignoramos. «Se va a demorar», responden a mis quejas, «pero se completará. Ellos lo terminarán». Mis vecinos han visto los planos.

Al darnos historias como la de José, Dios nos permite estudiar los planos. ¡Qué desastre! Hermanos deshaciéndose de hermanos. Privilegios. Hambrunas y familias peleándose esparcidas como clavos y bolsas de cemento en un terreno baldío. La lógica de Satanás era siniestra y simple: destruir a la familia de Abraham y luego a su descendencia, Jesucristo. Había que empezar, entonces, por poner en la mira a los hijos de Jacob.

Pero observemos en acción al Maestro Constructor. Limpió los escombros, estabilizó la estructura y apernó las cerchas hasta que el caos de Génesis 37.24, («lo agarraron y lo echaron en una cisterna», NVI) se transformó en el triunfo de 50.20, («se preservara la vida de mucha gente», NVI).[5]

Dios como Maestro Tejedor, Maestro Constructor, redimió la historia de José. ¿Podría también redimir la tuya?

Saldrás de esta. Temes no lograrlo. A todos nos pasa. Tememos que la depresión nunca nos dejará, los gritos nunca terminarán, el dolor jamás se irá. Aquí, en el foso, rodeado por paredes escarpadas y unos hermanos furiosos, nos preguntamos: *¿se pondrá brillante alguna vez este cielo gris? ¿Dejará de ser tan pesada esta carga que tengo encima?* Nos sentimos atorados, atrapados, acorralados. Predestinados al fracaso. ¿Saldremos alguna vez de este hueco?

¡Sí! La liberación es a la Biblia lo que el jazz es a Mardi Gras: audaz, abrasador y ubicuo.

Como ocurrió con Daniel en el foso de los leones, con Pedro en la cárcel, con Jonás en el estómago del pez, con David amenazado por Goliat, con los discípulos en medio de la tormenta, con los leprosos y su enfermedad, con las dudas de Tomás, con Lázaro y su tumba, y con Pablo y sus prisiones, Dios también nos librará a nosotros. A *través* del lecho seco del Mar Rojo (Éxodo 14.22, traducción libre), a través del desierto (Deuteronomio 29.5), *a través* del valle de sombra de muerte (Salmos 23.4) y *a través* de la profundidad del mar (Salmos 77.19). A *través de* es una de las expresiones favoritas de Dios:

Cuando pases *a través* de las aguas, yo estaré contigo; y *a través* de los ríos, ellos no te anegarán; cuando andes *a través* del fuego, no te quemará; ni la llama arderá en ti. (Isaías 43.2, traducción libre)[6]

No será sin dolor. ¿Has derramado tu última lágrima o recibido la última sesión de quimioterapia? No necesariamente. ¿Pasará tu matrimonio desdichado a ser feliz en un abrir y cerrar de ojos? Seguro que no. ¿Estás exento de un viaje al cementerio? ¿Garantiza Dios la ausencia de dificultades y abundancia de fortaleza? No en esta vida. Lo que sí ha prometido es retejer tu dolor para un propósito superior.

No será de un día para otro. José tenía diecisiete años cuando sus hermanos lo abandonaron. Tenía por lo menos treinta y siete cuando volvió a encontrarse con ellos. Y tuvo que pasar otro par de años antes que viera a su padre.[7] A veces, Dios se toma su tiempo. Ciento veinte años preparando a Noé para el diluvio, ochenta años preparando a Moisés para su trabajo. Dios llamó al joven David para que fuera rey, pero lo devolvió al campo a seguir cuidando ovejas. Llamó a Pablo para que fuera apóstol, y luego lo aisló en Arabia por casi tres años. Jesús estuvo en la tierra por tres décadas antes que hiciera algo más que una mesa de cocina. ¿Cuánto tiempo irá a tomar contigo? Puede tardarse. Su historia se cuenta no en minutos, sino en lo que dura una vida.

Pero Dios usará tus problemas para bien. Nosotros vemos un problema perfecto. Dios ve una oportunidad perfecta para preparar, probar y adiestrar al futuro primer ministro. Nosotros vemos una prisión; Dios ve un instrumento. Nosotros vemos la hambruna; Dios ve la reubicación de su linaje escogido. Nosotros lo llamamos Egipto; Dios lo llama protectorado, donde los hijos de Jacob puedan escapar de los bárbaros cananeos y multiplicarse abundantemente en paz. Nosotros vemos los trucos y el complot de Satanás. Dios ve a Satanás tropezado y frustrado.

Permíteme aclarar algo. Tú eres una versión de José en tu generación. Representas un reto para el plan de Satanás. Tienes algo de Dios dentro de ti, algo noble y santo, algo que el mundo necesita: sabiduría, amabilidad, misericordia, recursos. Si Satanás lograra neutralizarte, podría desbaratar tu influencia.

La historia de José está en la Biblia por esta razón: para enseñarte a confiar en que Dios supera el mal. Lo que Satanás intenta para mal, el Maestro Tejedor —y Maestro Constructor— lo redime para bien.

Quizás haya sido José el primero en decirte que la vida en el foso apesta. Pero pese a toda esa inmundicia, ¿no representa el foso mucho más? Te obliga a mirar hacia arriba. Alguien *desde allá* habrá de *bajar* para tenderte la mano. Dios lo hizo con José. En el momento preciso, en el minuto exacto, hará lo mismo contigo.

CAPÍTULO 2

Bajando, bajando, bajando a Egipto

L os problemas de José comenzaron cuando habló de más. Una mañana llegó al desayuno eufórico y parloteando acerca de lo que había visto en un sueño: manojos de trigo formados en un círculo, todos maduros y listos para la siega. Cada uno ostentaba el nombre de uno de sus hermanos: Rubén, Gad, Leví, Zabulón, Judá... y en el centro del círculo estaba el manojo de José. En el sueño solo su manojo se mantenía erguido. ¿La implicación? Ustedes se van a inclinar ante mí.

¿Habrá esperado que sus hermanos se pusieran igualmente eufóricos? ¿Que le dieran palmaditas en la espalda y le dijeran: «Será un placer para nosotros, querido hermanito, inclinarnos ante ti»? ¡Nada de eso! Le echaron polvo en la cara y le dijeron que desapareciera.

Él no se dio por enterado. Y volvió con un segundo sueño. En lugar de las gavillas ahora eran las estrellas, un sol y una luna. Las estrellas representaban a los hermanos. El sol y la luna simbolizaban al padre y a la madre, ya fallecida. Todos se inclinaban ante José. ¡José! El muchachito de la túnica elegante y la piel tersa. ¿Ellos, inclinarse ante él?

José debió haberse guardado sus sueños.

Quizás pensara en eso cuando estaba en el fondo de la cisterna. Su clamor por ayuda era infructuoso. Sus hermanos aprovecharon la oportunidad para atraparlo y cerrarle la boca de una vez por todas.

Sin embargo, desde el fondo del foso, José captó un ruido nuevo, el de un carro y un camello, quizás dos. Y otras voces. Una lengua extranjera.

Hablaban a sus hermanos con acento. José se esforzó por entender lo que decían.

«Se lo vendemos...».

«¿Cuánto?».

«...cambiamos por sus camellos...».

Al alzar su vista, José vio un círculo de rostros que miraban hacia abajo. Lo observaban a él.

Finalmente, uno de los hermanos descendió atado al extremo de una cuerda. Tomó a José, lo sujetó con ambos brazos y fue izado.

Los mercaderes lo examinaron de la cabeza a los pies. Le metieron los dedos en la boca y le contaron los dientes. Le tocaron los brazos para comprobar su musculatura. Los hermanos adelantaron un comentario: «Ni un gramo de grasa en los huesos. Fuerte como un buey. Puede trabajar todo el día sin parar».

Los mercaderes se reunieron y cuando trajeron una oferta, solo entonces se dio cuenta José de lo que estaba ocurriendo. «¡Deténganse! ¡Paren esto ahora mismo! ¡Soy su hermano! ¡Ustedes no me pueden vender!». Los hermanos lo hicieron a un lado y empezaron a negociar.

—¿Cuánto nos van a pagar por él?

—Les daremos diez monedas.

—No. No menos de treinta.

—Quince y ni una más.

—Veinticinco.

—Veinte y es nuestra última oferta.

Los hermanos aceptaron las monedas, tomaron la túnica de colores y se fueron. José cayó sobre sus rodillas y esperó. Los mercaderes le pasaron una cuerda alrededor del cuello y la amarraron al carro. José, sucio y lloroso, no tuvo más opción que seguir. Se colocó detrás del carro crujiente y de los camellos. Por sobre el hombro, echó una última mirada atrás para ver las espaldas de sus hermanos que desaparecieron en el horizonte.

«¡Ayúdenme!».

Pero nadie se volvió a verle.

Sus hermanos «lo vendieron a los ismaelitas por veinte monedas de plata. Fue así como se llevaron a José a Egipto» (Génesis 37.28, NVI).

Bajando a Egipto. Solo unas horas, todo lucía bien en la vida de José. Tenía una túnica nueva y en su casa era un consentido. Soñaba que sus hermanos y sus padres alzarían la vista para verlo. Pero lo que sube tiene que bajar, y la vida de José se vino abruptamente al suelo. Menospreciado por sus hermanos y echado abajo a lo profundo de una cisterna seca. Decepcionado y vendido como esclavo. Y de ahí, camino a Egipto.

Bajando, bajando, bajando. Despojado de un nombre, una condición y una posición. Todo lo que tenía, todo lo que pensaba que tendría para siempre, se había ido. Esfumado. Desaparecido. Así mismo.

¿Como tú? ¿Bajando en tu autoestima, bajando hasta tu último dólar, bajando hasta la audiencia de custodia, bajando hasta el fondo de la escala social, bajando en tu suerte, bajando en tu vida... bajando... bajando a Egipto?

La vida nos empuja hacia abajo.

José llegó a Egipto sin nada. Ni un centavo por su nombre o un nombre que no valía un centavo. Su árbol familiar era irrelevante. Su ocupación, despreciada.[1] La gente lampiña de las pirámides evitaba a los beduinos velludos del desierto.

Ninguna credencial que exhibir. Ninguna vocación que pudiera interesar. Ninguna familia en la cual apoyarse. Había perdido todo, con una excepción: su destino.

A través de aquellos extraños sueños, el cielo lo había convencido de que Dios tenía planes para él. Los detalles eran vagos y malamente definidos, pero seguros. José no tenía forma de saber lo que le deparaba el futuro. Pero los sueños le habían dicho esto: que tendría un lugar de prominencia en el ámbito de su familia. José guardó celosamente esos sueños porque eran su salvavidas.

¿De qué otra manera podríamos explicarnos su supervivencia? La Biblia no nos dice nada en cuanto a su entrenamiento, educación, habilidades especiales o sus talentos. Pero el narrador hizo una historia introductoria del destino de José.

El muchacho hebreo perdió a su familia, su dignidad y su patria pero nunca perdió su confianza en que Dios confiaba en él. Caminando a través del desierto rumbo a Egipto él decidió que *las cosas no terminarían así. Dios tiene un sueño para mi vida.* Mientras cargaba las pesadas cadenas de los dueños de los esclavos, recordó: *He sido llamado para algo más que esto.* Arrastrado a una ciudad de una lengua extraña y rostros afeitados, se dijo: *Dios tiene grandes planes para mí.*

Dios tenía un destino para José y el muchacho lo creía.

¿Crees tú en el destino que Dios tiene para ti?

Estoy entrando en mi tercera década como pastor. Treinta años son muchos para oír historias de José. Me he encontrado con más de una persona vinculada con Egipto. Hacia abajo, hacia abajo, hacia abajo. Y no he dejado de hacer la misma pregunta: «Si tú y yo tuviéramos una charla en torno a una taza de café, en este punto me inclinaría sobre la mesa y te diría: "¿Qué tienes aún que no puedes perder?" Las dificultades se han llevado mucho. De acuerdo. Pero hay algo que las pruebas no pueden tocar: tu destino. ¿Qué te parece si hablamos un poco de eso?"».

Tú eres un hijo de Dios. Él te vio, te escogió y te posicionó. «No me escogieron ustedes a mí, sino que yo los escogí a ustedes» (Juan 15.16, NVI). Antes de carnicero, de panadero o de ebanista, hombre o mujer, asiático o negro, eres un hijo de Dios. ¿Reemplazo o sustituto? Difícil. Tú eres su primera selección.

No siempre es este el caso en la vida. En cierta ocasión, minutos antes de que oficiara una boda, el novio se me acercó y me dijo:

—Usted no fue mi primera selección.

—¿Que no?

—No. El pastor que yo quería no pudo hacerlo.

—Oh.

—Pero gracias por sustituirlo.

—De nada.

Pensé en firmar la licencia matrimonial como el «Sustituto».

Tú nunca vas a oír esa palabra saliendo de la boca de Dios. Él te escogió. La escogencia no fue obligatoria, ni requerida, ni coercitiva, ni forzada o impuesta. Él te escogió porque quiso. Tú eres su escogencia franca, deliberada, voluntaria. Él se presentó en el remate y dijo: «Esta persona es mía». Y te compró «con la preciosa sangre de Cristo, como de un cordero sin mancha y sin defecto» (1 Pedro 1.19, NVI). Tú eres hijo de Dios.

Y lo eres para *siempre*.

No le creas a la lápida. Tú eres más que un guión entre dos fechas. «Sabemos que si esta tienda de campaña en que vivimos se deshace, tenemos de Dios un edificio, una casa eterna en el cielo, no construida por manos humanas» (2 Corintios 5.1, NVI). No dejes que te atrapen los pensamientos de corto alcance. Tus problemas no durarán para siempre, pero tú sí.

Dios tendrá su Edén. Él está creando un jardín en el cual los adanes y las evas compartirán en su semejanza y amor, en paz los unos con los otros; con los animales, con la naturaleza. Gobernaremos con él sobre los territorios, las ciudades y las naciones. «Si sufrimos, también reinaremos con él» (2 Timoteo 2.12).

Créelo. Agárrate a ello. Grábalo en el fondo de tu corazón. Aunque pueda parecer que las calamidades quieren desbaratar tu vida, no lo lograrán. Tú sigues teniendo tu destino.

Mi padre hizo el camino a Egipto. Nadie de la familia lo traicionó. Su salud, sí. Acababa de acogerse a la jubilación. Él y mi mamá habían ahorrado algún dinero, de modo que hicieron sus planes. Querían visitar todos los parques nacionales que quedaran en su camino viajando en su casa-móvil. Y, de pronto, el diagnóstico: esclerosis lateral amiotrópica (ELA, conocida también como el «Mal de Lou Gehrig») una cruel enfermedad degenerativa que afecta los músculos. En pocos meses mi papá ya no podía comer, vestirse ni bañarse solo. Su mundo, como lo había conocido, se había ido.

Por ese tiempo, mi esposa Denalyn y yo estábamos preparándonos para ir a Brasil a trabajar como misioneros. Cuando nos llegó la noticia de la enfermedad, pensé cambiar nuestros planes. ¿Cómo podría salir del país mientras él se estaba muriendo? La reacción de mi padre fue instantánea y resuelta. Nunca fue conocido por escribir cartas muy largas, pero la de esta vez tenía cuatro páginas:

> En cuanto a mi enfermedad y tu viaje a Río. Mi respuesta no es nada de complicada: *Ve*... No le temo a la muerte ni a la eternidad... así es que deja de preocuparte. *Ve*. Agrádale a él.

Mi papá perdió mucho: su salud, su jubilación, años con sus hijos y nietos, años con su esposa. La pérdida fue severa, pero no total. «Papá», pude haberle preguntado, «¿qué tienes que nunca perderás?». Todavía tenía el llamado de Dios en su corazón.

Nos olvidamos de eso cuando vamos camino a Egipto. Olvidarse del destino es como tirar basura al paisaje. Nos definimos según la magnitud de nuestra tragedia: «Yo soy el divorciado, el adicto, el hombre de negocios en bancarrota, el hijo minusválido o el que tiene una cicatriz». Nos acomodamos a un pequeño destino: hacer dinero, ganar amigos, hacernos de un nombre, desarrollar músculos o hacer el amor con alguien o con quien sea.

Decídete a no cometer ese error. ¿Piensas que lo has perdido todo? ¡No es cierto! «Porque irrevocables son los dones y el llamamiento de Dios» (Romanos 11.29). Escucha y pon atención a los tuyos.

Así es como opera esto. La empresa en la que trabajas está despidiendo personal. Un día, tu jefe te llama a su oficina. Por más amable que parezca, un despido es un despido. Cuando menos te das cuenta, estás recogiendo tus cosas del escritorio. Voces de duda y de miedo empiezan a oírse más y más fuerte. *¿Cómo pagaré las cuentas? ¿Quién me irá a dar trabajo?* El miedo domina tus pensamientos. Pero entonces, recuerdas tu destino. *¿Qué tengo que no puedo perder?*

Un momento. Yo sigo siendo hijo de Dios. Mi vida vale más que esta vida. Los días son como la neblina, una brisa pasajera. Esto tendrá que pasar. Dios hará que de esto resulte algo bueno. Me esforzaré, mantendré la fe y seguiré confiando en él pase lo que pase.

Bingo. Confiaste en tu destino.

Veamos esto otro. Tu novio quiere que le devuelvas el anillo. Todas las promesas y propósitos se escurrieron por entre los dedos cuando él conoció a otra joven en el trabajo. El imbécil. El vagabundo. El bueno para nada. Como José, te encuentras dentro de la cisterna seca. Y, como José, decides escuchar el llamado de Dios. No es fácil. Te sientes tentada a desquitarte pero prefieres pensar en tu destino. *Yo soy una hija de Dios. Mi vida vale más que esto... más que este corazón roto. Esta es la promesa de Dios y, a diferencia de ese lo siento mucho, Dios no quebrantará una promesa.*

Otra victoria para Dios.

Sobrevivir en Egipto comienza con un sí al llamado que Dios hace a tu vida.

Algunos años después del fallecimiento de mi papá recibí una carta de una dama que lo recordaba. Ginger tenía solo seis años cuando su clase de escuela dominical preparó unas tarjetas de saludo para enviar a las personas enfermas de la congregación. Con papel de construcción, hizo una tarjeta color púrpura muy brillante cubriéndola con calcomanías. Adentro, escribió: «Te quiero pero, por sobre todo, Dios te ama». Su mamá horneó un pastel y las dos lo fueron a entregar.

Papá estaba postrado en cama. El fin estaba cerca. Su quijada tendía a caerse, dejando su boca abierta. Podía extender la mano, pero por la enfermedad, la tenía agarrotada.

En un momento en que Ginger se quedó sola con él, le hizo una pregunta que solo una niña de seis años puede hacer: «¿Te vas a morir?».

Él le tocó la mano y le pidió que se acercara. «Sí. Me voy a morir. ¿Cuándo? No lo sé».

Ella le preguntó si tenía miedo de irse. «Me voy al cielo», le respondió. «Voy a estar con mi Padre. Estoy listo para verlo cara a cara».

En eso, regresaron su mamá y la mía. Ginger recuerda:

Mi madre consoló a tus padres intentando sonreír; en cambio yo me reí *de verdad*. Él hizo lo mismo y me guiñó un ojo.

Mi propósito al contarte todo esto es porque mi familia y yo estamos saliendo para Kenya. Llevaremos a Jesús a una tribu en la costa allí. Estoy asustada por mis hijos, porque sé que habrá muchas incomodidades y pueden enfermarse. Pero en cuanto a mí, no tengo miedo porque lo peor que me podría pasar sería «ver a mi Padre cara a cara».

Fue tu papá el que me enseñó que la tierra es solo un lugar de paso, y la muerte no es más que un nacer otra vez.

Un hombre a punto de morir haciendo un guiño con solo pensar en eso. ¿Despojado de todo? Solo en apariencia. Al final, papá aún tenía lo que nadie le podía quitar. A fin de cuentas, eso es todo lo que necesitaba.

CAPÍTULO 3

Solo pero no del todo

Melanie Jasper dice que su hijo, Cooper, nació con una sonrisa en su rostro. Los hoyuelos nunca se borraron de sus mejillas. Se ganaba el corazón de todos a quienes llegaba a conocer: sus tres hermanas mayores, sus padres, sus abuelos, sus maestros, sus amigos. Le gustaba reír y expresar amor. Su padre, JJ, confesándolo con cierta parcialidad, decía que su hijo era un niño perfecto.

Y Cooper nació en la familia perfecta. Habitantes de una granja, simpáticos, amorosos con Dios y hambrientos de Cristo, JJ y Melanie volcaron sus corazones en sus cuatro hijos. JJ disfrutaba cada momento con su único hijo varón. Es por eso que el 17 de julio de 2009 paseaban en el cochecito playero por la pendiente en que solían hacerlo. Habían pensado cortar la grama, pero la cortadora de césped necesitaba una bujía. Mientras Melanie iba al pueblo a comprar una, JJ y Cooper, su hijo de cinco años, quisieron aprovechar la oportunidad para hacer un breve deslizamiento. Lo habían hecho miles de veces, en ese mismo cochecito con arcos antivuelcos, bajando a gran velocidad por el camino de tierra por el que lo harían ahora. Para ellos, eso no era nada nuevo. Pero el vuelco sí. En un camino completamente parejo y con Cooper bien asegurado, JJ dio una vuelta en círculo y el cochecito se volcó dando tumbos.

Cooper quedó inconsciente. JJ llamó al 911 [número telefónico para emergencias] y luego a Melanie: «Ha habido un accidente», le dijo. «Cooper está inconsciente». Las horas siguientes fueron la peor pesadilla para ambos padres: ambulancia, cuarto de emergencia, consternación. Y, finalmente, la noticia: Cooper había pasado de esta vida al cielo. JJ y Melanie se encontraron de pronto haciendo lo que nunca pensaron: seleccionando un ataúd, planeando un funeral e imaginándose la vida sin su único hijo varón. En los días que siguieron cayeron en un aletargamiento mental. Cada mañana, al despertar se abrazaban y lloraban desconsoladamente. Después de reunir suficiente valor como para salir de la cama, bajaban las escaleras para encontrarse con familiares y amigos que los esperaban. Solo por un gran esfuerzo aguantaban los días hasta que llegaba la hora de volver a la cama. Entonces, en la intimidad de su cuarto, volvían a abrazarse y a llorar sin consuelo. Hasta que se dormían.

JJ me dijo: «No hay clase ni libro en este mundo que pueda prepararte para cuando tu hijo de cinco años muere en tus brazos... Ahora sabemos lo que significa estar en el fondo».[1]

El fondo. Pasamos buena parte de nuestras vidas, si no la mayor parte del tiempo, a media altura. Ocasionalmente, alcanzamos la cumbre: cuando nos casamos, cuando recibimos un ascenso, cuando nace un hijo. Pero la mayoría vivimos a medio nivel. Somos reacios a las obligaciones, sean de transporte compartido, informes de gastos, recetas.

Pero en ocasiones, el mundo toca fondo. Los cochecitos se vuelcan, el mercado inmobiliario se desploma, los resultados de los exámenes de laboratorio dan positivo y antes de que nos demos cuenta, descubrimos cómo se siente uno en el fondo del foso.

En el caso de José, supo cómo eran las subastas en Egipto. Las pujas comenzaron y, por segunda vez en su joven vida, estaba a la venta. El hijo favorito de Jacob era pinchado, aguijoneado, examinado para ver si tenía piojos y tratado como un asno. Potifar, un oficial egipcio, terminó comprándolo. José no hablaba el idioma ni conocía la cultura. La comida le era extraña, el trabajo agotador y todas las posibilidades estaban en su contra.

Así que damos vuelta a la página y nos preparamos para lo peor. El siguiente capítulo en la historia de José describe su desplome como consecuencia a la adicción, la ira y la desesperación, ¿verdad? ¡Falso!

«A José le fue muy bien allí, en la casa de su amo egipcio, pues Dios estaba con él» (Génesis 39.2, TLA). José llegó a Egipto con un atado de ropa en sus espaldas y el llamado de Dios en su corazón. Pero al final de cuatro versículos, estaba administrando la casa del hombre a cargo de la seguridad de Faraón. ¿Cómo podemos explicar este cambio? Sencillo. Dios estaba con él.

El Señor estaba con José y las cosas le salían muy bien. (v. 2, NVI)

Y vio su amo que Jehová estaba con él. (v. 3)

Jehová bendijo la casa del egipcio a causa de José. (v. 5)

Y la bendición de Jehová estaba sobre todo lo que tenía. (v. 5)

La historia de José se aparta de los libros de autoayuda y de todas las fórmulas secretas que dirigen las luchas a un poder interior («cavar hondo»). La historia de José apunta a otra parte («mira arriba»). Él triunfó porque Dios estaba presente. Dios fue a José como una cobija a un bebé: estaba sobre él.

¿Hay alguna posibilidad de que lo haga también contigo? Aquí estás tú, en tu propia versión de Egipto. Se siente una sensación rara. No conoces el idioma. Nunca estudiaste el vocabulario de la crisis. Te sientes lejos de casa, completamente solo. Te has quedado sin dinero. Sin la menor expectativa. Los amigos se han ido. ¿Queda alguien? Sí, Dios.

David preguntó: «¿A dónde me iré de tu Espíritu? ¿Y a dónde huiré de tu presencia?» (Salmos 139.7). En seguida hace una lista de varios lugares donde encontró a Dios: en «los cielos... en el Seol... Si tomare las alas del alba y habitare en el extremo del mar, aun allí me guiará tu mano, y me asirá tu diestra» (vv. 8–10). Dios, dondequiera está.

El relato de José según estos versículos, se leería así: «¿A dónde me iré de tu Espíritu? Si me fuera a lo más profundo del foso... o a lo más alto del bloque de esclavos... o a la casa de un extraño... aun allí tú me guiarás».

Tu adaptación de este versículo podría decir así: «¿A dónde me iré de tu Espíritu? Si fuere a la clínica de rehabilitación... a la unidad de cuidado intensivo... a la oficina de despliegue en el extranjero... al refugio para mujeres golpeadas... la prisión del condado... aun allí tú me guiarás».

Nunca podrás ir a un lugar donde no esté Dios. Imagínate las siguientes horas de tu vida. ¿Dónde te encontrarás? ¿En la escuela? Dios habita en la sala de clases. ¿En la autopista? Su presencia permanece en medio del tráfico. ¿En el cuarto de operaciones de un hospital, en el salón de los ejecutivos, en la sala de estar de la casa de tu suegro, en una funeraria? Dios estará allí. «Ciertamente no está lejos de cada uno de nosotros» (Hechos 17.27).

Cada uno de nosotros. Dios no tiene favoritos. Desde las atestadas avenidas de la ciudad hasta las alejadas aldeas en valles y selvas, todas las personas pueden disfrutar de la presencia de Dios. Aunque muchos no. Estos andan por la vida como si no hubiera un Dios que los ama. Como si la única fuerza de que disponen fuera la suya. Como si la única solución viniera de adentro, no de arriba. Viven sin Dios.

Pero entre nosotros hay Josés: que sienten, ven y oyen la presencia de Dios. Gente que busca a Dios como Moisés. Cuando de repente se encontró guiando a dos millones de esclavos, el libertador empezó a preguntarse: *¿cómo podré proveer para toda esta gente? ¿Cómo podremos defendernos de nuestros enemigos? ¿Cómo sobreviviremos?*. Moisés necesitaba provisiones, administradores, equipo, experiencia. Pero cuando oró pidiendo ayuda, dijo: «Si tu presencia no ha de ir conmigo, no nos saques de aquí» (Éxodo 33.15).

Moisés prefirió ir a cualquier parte con Dios que a algún lado sin él.

Como David. El rey terminó en un Egipto que él mismo se fabricó. Sedujo a la esposa de un soldado y ocultó su pecado con asesinato y engaño. Durante un año se ocultó de Dios, pero no pudo hacerlo para siempre. Cuando finalmente confesó su inmoralidad, pidió a Dios solo una cosa: «No me eches de delante de ti, y no quites de mí tu santo Espíritu» (Salmos 51.11).

Él no oró: «No me quites la corona. No me quites mi reino. No me quites mi ejército». David sabía qué era lo importante. La presencia de Dios. Y eso fue lo que le pidió a Dios.

Haz tú lo mismo. Haz de la presencia de Dios tu pasión. ¿Cómo? Siendo más esponja que piedra. Pon una piedra en el océano y ve qué pasa. Se moja por fuera y hasta cambia de color, pero por dentro se mantiene igual. Pon una esponja en el océano y observa el cambio. La esponja absorbe el agua. El océano penetra cada poro y altera la esencia de la esponja.

Dios nos cubre en la misma forma que lo hace el océano con las piedras del fondo. Él está en todas partes: arriba, abajo, a los lados. Nosotros tenemos que decidir si queremos ser piedra o esponja. ¿Resistir o recibir? Todo dentro de ti te dice que endurezcas tu corazón. *Huye de Dios; resiste a Dios; culpa a Dios.* Pero ten cuidado. Los corazones endurecidos nunca sanan. Los corazones esponja, sí. Abre cada poro de tu alma a la presencia de Dios. Ahora te digo cómo.

Reclama la cercanía de Dios. «Nunca te dejaré; jamás te abandonaré» (Hebreos 13.5, NVI). En el griego, este pasaje tiene cinco negativos. Se podrían traducir así: «No, no te dejaré; no lo haré; ni te abandonaré, no».[2] Aférrate a esta promesa como a un paracaídas. Repítela una vez tras otra hasta que se imponga sobre las voces de temor y angustia. «El Señor tu Dios está en medio de ti como guerrero victorioso, se deleitará en ti con gozo, te renovará con su amor» (Sofonías 3.17, NVI).

Es posible que pierdas la *sensación* de la presencia de Dios. A Job le ocurrió. «Si me dirijo hacia el este, no está allí; si me encamino al oeste, no lo encuentro, si está ocupado en el norte, no lo veo; si se vuelve al sur, no alcanzo a percibirlo» (Job 23.8–9, NVI). Job *se sintió* muy lejos de Dios; sin embargo, a pesar de su dificultad para sentirlo, declaró: «Él, en cambio, conoce mis caminos; si me pusiera a prueba, saldría yo puro como el oro» (v. 10, NVI). Qué determinación más valiente. Días difíciles exigen decisiones de fe.

El salmista declaró:

Cuando siento miedo,
   pongo en ti *mi confianza.* (Salmos 56.3, NVI)[3]

¿Por qué voy a inquietarme?
   ¿Por qué me voy a angustiar?
En Dios pondré mi esperanza
   y *todavía lo alabaré.* (Salmos 42.5, NVI)[4]

No equipares la presencia de Dios con un humor bueno o un temperamento afable. Dios está cerca, estés contento o no. A veces necesitas poner tus sentimientos a un lado y darles una buena regañada.

Aférrate a su carácter. Extrae de tu Biblia una lista de las cualidades más profundas de Dios y atesóralas en tu corazón. Mi propia lista incluye: «Él es soberano. Aún sabe cómo me llamo. Los ángeles siguen respondiendo a su llamado. Los corazones de los gobernantes todavía ceden a su deseo. La muerte de Jesús sigue salvando almas. El Espíritu de Dios aún habita en los santos. El cielo sigue estando a la distancia de los latidos del corazón. La tumba aún es una morada temporal. Dios permanece fiel. A él no se le sorprende desprevenido. Él usa todo para su gloria y para mi supremo bien. Usa la tragedia para cumplir su voluntad, la cual es justa, santa y perfecta. Las tristezas pueden llegar con la noche, pero el gozo viene con la mañana. Dios produce frutos en medio de la aflicción».

Cuando JJ Jasper le contó a su hija mayor sobre la muerte de Cooper, la preparó, diciéndole: «Necesito que te aferres a todo lo que sabes de Dios, porque tengo una noticia muy fuerte que darte». ¡Qué consejo más valioso!

En tiempos de cambios echa mano del carácter inmutable de Dios.

> Cuando todo a mi derredor haga que mi alma desfallezca,
> él es mi esperanza para permanecer.[5]

Manifiesta tu dolor en oración. Golpea la mesa. Paséate de arriba a abajo por el patio de tu casa. Es tiempo para oraciones sinceras y persistentes. ¿Enojado con Dios? ¿En desacuerdo con su estrategia? ¿Con sus decisiones? Díselo. Que él lo sepa. Jeremías lo hizo. Ese antiguo profeta pastoreó a Israel durante un tiempo de colapso económico y convulsión política. Invasión. Desastre. Exilio. Hambre. Muerte. Jeremías vio todo eso. Llenó tanto sus devocionales con quejas que su diario de oración se conoce como el libro de las Lamentaciones.

> [Dios] me guió y me llevó en tinieblas, y no en luz;
> Ciertamente contra mí volvió y revolvió su mano todo el día.
> Hizo envejecer mi carne y mi piel; quebrantó mis huesos;
> Edificó baluartes contra mí, y me rodeó de amargura y de
>   trabajo.
> Me dejó en oscuridad, como los ya muertos de mucho tiempo.
> Me cercó por todos lados, y no puedo salir; ha hecho más pesadas
>   mis cadenas;
> Aun cuando clamé y di voces, cerró los oídos a mi oración.
>   (3.2–8)

Jeremías impregnó cinco capítulos con esta clase de rabia. El contenido de su libro podría resumirse en una línea: ¡esta vida es una porquería! ¿Por qué Dios habrá decidido incluir Lamentaciones en la Biblia? ¿Sería para convencerte de que sigas el ejemplo de Jeremías?

Continúa y presenta tu queja. «Delante de él expondré mi queja; delante de él manifestaré mi angustia» (Salmos 142.2). Dios no hará oídos sordos ante tu cólera. Incluso Jesús ofreció oraciones con «fuerte clamor y lágrimas» (Hebreos 5.7, NVI). Es mejor mostrarle a Dios el puño que darle la espalda e irse. San Agustín dijo: «Cuán hundidos en lo profundo están aquellos que no claman por salir».[6]

Al principio, las palabras pueden parecer huecas y vacías. Murmurarás entre dientes. Hurgarás tus pensamientos. Pero no te desanimes. Y no te escondas.

Apóyate en el pueblo de Dios. Cancela tu huida a los Himalayas. Olvídate de alguna isla desierta. No es tiempo para ermitaños. Adhiérete como lapa a la nave de la iglesia de Dios. «Porque donde están dos o tres congregados en mi nombre, *allí estoy* yo en medio de ellos» (Mateo 18.20).[7]

¿Evadiría el enfermo ir al hospital? ¿Rechazaría el hambriento una despensa con comida? ¿Abandonaría el desalentado el Centro de Distribución de Esperanza de Dios? Eso sería a costa de un tremendo riesgo. Su pueblo brinda su presencia.

En una ocasión, Moisés y los israelitas lucharon contra el ejército de Amalec. La estrategia militar de Moisés fue muy poco convencional. Encargó a Josué que comandara la batalla en el valle mientras él se iba a lo alto de un cerro a orar. Pero no fue solo. Llevó con él a dos de sus lugartenientes, Aarón y Hur. Mientras Josué libraba la batalla física, él luchaba en el campo espiritual. Aarón y Hur se ubicaron uno a cada lado de su líder para afirmarle los brazos en la batalla de oración. Los israelitas vencieron porque Moisés no dejó de orar. Moisés venció porque hubo otros que oraban con él.

Mi esposa hizo algo similar. Hace algunos años Denalyn libró una dura batalla contra una nube de depresión. Los días se presentaban grises. Su vida era estridente y llena de quehaceres: dos hijos en la escuela elemental, un tercero en el jardín infantil y un marido que no daba con la fórmula para bajarse del avión y quedarse en casa. Los días le pasaban la cuenta. La depresión puede aflojar las rodillas del mejor de nosotros aunque puede ser especialmente difícil para la esposa de un pastor. La gente de la congregación espera verla siempre radiando gozo y avanzando siempre. Pero Denalyn, para ser justos con ella, nunca ha sido buena para aparentar. Así que un domingo, cuando la depresión le era algo sofocante, se armó de toda una dosis de sinceridad antes de salir para la iglesia. *Si los hermanos me preguntan cómo estoy, les voy a decir cómo.* Así, a cada uno que le preguntaba: «¿Cómo está?», le respondía: «No me siento bien. Estoy deprimida. ¿Querría orar por mí?».

Breves diálogos sobre asuntos superficiales se transformaron en largas conversaciones. Sencillos «¡hola!», llegaron a ser momentos de sincera ministración. Cuando salió del servicio de adoración, tenía una lista de varias docenas de personas alzando sus brazos en la batalla de oración. Ella marca su triunfo contra la depresión con aquel servicio dominical. Halló la presencia de Dios en medio del pueblo de Dios.

Así mismo ocurrió con JJ. Sus heridas siguen siendo profundas, pero su fe lo es más. Cada vez que se ve en la necesidad de contar la historia de Cooper, dice: «Sabemos cómo es el fondo de estas cosas y también sabemos quién nos está esperando allí: Cristo Jesús».

Él también está esperando por ti, amigo mío. Si la historia de José va a servir de precedente, Dios puede usar a Egipto para enseñarte que él está contigo. Puedes perder a tu familia. Tus sostenedores se pueden ir. Tu consejero puede optar por el silencio. Pero Dios no se ha mudado de sitio. Sus promesas siguen en pie: «Yo estoy contigo, y te guardaré por donde quiera que fueres» (Génesis 28.15).

CAPÍTULO 4

La estupidez no se arregla con estupidez

Cuatro de julio. Todo era rojo, azul y blanco. Mi cara era roja, las nubes blanco algodón y el cielo azul brillante. Lo rojo de mi cara no era producto del bronceado, sino de la humillación. Denalyn me lo había advertido: «Recuerda, Max, el nivel del lago está bajo». La profundidad era un llamado de alerta: diez metros, luego un metro, medio metro y finalmente treinta centímetros. Las boyas de advertencia se movían caprichosas sobre las ondas. Pero, ¿le hice caso a Denalyn? ¿Puse atención a la lectura del radar de profundidad? ¿Me fijé en el nivel del agua según los marcadores?

¿Quién iba a tener tiempo para tales trivialidades? Mis tres hijas adolescentes y sus amigos contaban con mi habilidad de navegante para un sábado de diversión. Yo no los iba a defraudar. Me puse anteojos para el sol y un sombrero de grandes alas, puse el pie en el acelerador y partimos. ¡*Zoom!* Cinco minutos después, ¡*Boom!* Llevé el bote hasta un banco de arena.

Los pasajeros se tambalearon hacia delante. Yo mismo estuve a punto de salir disparado. Siete pares de ojos cayeron sobre mí. Alguien menos inteligente que yo les habría dicho que entre todos empujáramos el bote para devolverlo al agua. Pero no yo. No Max, el del acelerador alegre. No, señor. Yo era el capitán de un fuera de borda, el soberano del lago. Yo liberaría el bote solo, como todo un hombre. Así es que volví a apretar el acelerador.

El bote ni se movió.

«Max», me dijo Denalyn, con el máximo de amabilidad que pudo, «¿qué vamos a hacer ahora?». Traté de alzar el timón. Estaba doblado como las orejas de un perro. Esta vez no tenía alternativa, de modo que empujamos el bote hasta que lo vimos flotando. Cuando quise arrancar el motor, el bote empezó a vibrar como una carcacha con tres ruedas. La velocidad que alcanzamos fue de menos de dos kilómetros por hora. A medida que avanzábamos traqueteando por el lago, los demás vacacionistas se quedaban mirándonos y los niños refunfuñaban, me pregunté: *Y bien, capitán Max, ¿en qué estabas pensando?*

Ahí estaba el problema. ¡Yo *no estaba* pensando! Mi estupidez se había empeorado porque había hecho una mala decisión con un impulso aun peor. Perdonable en un bote. Pero, ¿en la vida?

Es probable que José estuviera en sus veinte cuando se estrelló, entre todas las cosas, con un banco de arena llamado tentación sexual. Cuando sus hermanos lo vendieron como esclavo quizás asumieron que lo habían destinado a un trabajo forzado y a una muerte prematura. Pero las cosas no resultaron así, porque José ascendió en la escala laboral como un bombero que trata de atrapar a un gato. Potifar, que lo puso como administrador de su casa, sin duda lo promovió en su círculo de oficiales. Se jactaba en cuanto al toque de Midas de este brillante muchacho hebreo que lo había convertido en un hombre rico.[1]

José se convirtió en una persona con influencia. Podía gastar y contratar, despachar y recibir. Los mercaderes se reportaban a él. La gente se fijaba en él y, más importante aún, las mujeres también. «Y era José de hermoso semblante y bella presencia» (Génesis 39.6). Un galán hollywoodense: mandíbula cuadrada, cabello ondulado, bíceps que sobresalían cada vez que llevaba la bandeja a la señora Potifar. Lo cual ocurría a menudo. Ella disfrutaba admirando al joven. «Aconteció después de esto, que la mujer de su amo puso sus ojos en José, y dijo: Duerme conmigo» (v. 7).

La primera dama de la casa haciendo una jugada al esclavo hebreo. «Jos-eey, ¿podrías traerme un poco de azúcar para mi café?». Doble pestañeo coqueto. Al encontrarse en el pasillo, ella se restregaba levemente contra el brazo de José. Al traerle él a la mesa el postre, ella le tocaba la pierna. Por la ropa que vestía, o que no vestía, le estaba diciendo claramente: «Soy tuya, Jos-eey con que solo lo quieras». Y así, «cada día» (v. 10). Él tuvo todas las oportunidades que quiso para considerar la proposición. Y las razones para aceptarla.

¿No era ella la esposa de su señor? ¿Y no era su obligación cumplir con los deseos de su dueña incluso tratándose de sexo clandestino? Y pudo *haber sido* clandestino. Nadie lo sabría. Lo que ocurre en el dormitorio se mantiene en el dormitorio, ¿no es así?

Además, un flirteo con la impúdica señora daría a José un espacio en el póker del juego político al más alto nivel. El fin habría justificado los medios. Y los medios no dejaban de ser placenteros. El poderoso Potifar podía tener todas las mujeres que quisiera. Su esposa era toda una belleza. José no había perdido sus urgencias masculinas con su túnica de colores. ¿Unos momentos en los brazos de una amante atractiva y dispuesta? Pudo haber sido una buena oportunidad para ciertos alivios.

¿No se merecía algo así? Los suyos habían sido días de soledad: rechazado por su familia, dos veces comprado y vendido como ganado, lejos de casa y de sus amigos. Además, las tensiones al administrar la casa de Potifar. Supervisar los jardines y a una multitud de esclavos. Organizar el protocolo acostumbrado para asuntos oficiales. El trabajo de José era agotador. Bien pudo haber justificado su decisión.

Igualmente tú. Tú has sido rechazado y herido, vendido y vuelto a comprar. Encallado en el banco de arena de una mala salud, un mal crédito. Pocos amigos y aun menos soluciones. Las horas son largas y las noches aun más. La señora (o el señor) Potifar viene con una oferta sofocante. Ella desliza la llave de su cuarto en dirección a ti.

O un amigo pone una botella al alcance de tu mano, y otro te ofrece un poco de droga. Puedes pagar algunas cuentas personales con dinero de la compañía donde trabajas o evitar la bancarrota por malversación de fondos. Las justificaciones y las racionalizaciones brotan como maleza después de una lluvia de verano. *Nadie lo va a saber. No me van a agarrar. Solo soy humano.*

¿Podemos hablar francamente por un momento? Egipto puede ser un lugar duro. Nadie puede negarlo. Pero también puede ser el caldo de cultivo para las decisiones insensatas. No hagas las cosas peores de lo que son optando por algo de lo que tendrás que arrepentirte.

José estaba en alerta roja. Cuando la señora Potifar le tiró la carnada, «él no quiso» (v. 8). A la tentación no le dio ni tiempo, ni atención, ni palique, ni razón para alguna esperanza. «No escuchándola él, para acostarse al lado de ella, para estar con ella» (v. 10). Cuando su número aparecía en el teléfono de él, no contestaba. Cuando ella le empezó a mandar mensajes de texto, no respondió. Cuando ella se metió a su oficina, él se salió. La evadía como se evita el veneno, porque eso era ella.

«[Potifar] ha puesto en mi mano todo lo que tiene», le advirtió (v. 8). Acostarse con ella habría sido un pecado contra su señor. Rara esa resolución. En una cultura que usa frases como «adultos que consienten» y «derechos sexuales» olvidamos cómo la inmoralidad destruye las vidas de las personas que no están en el dormitorio.

Años atrás, un amigo me dio este consejo: «Haz una lista de todas las vidas que impactaría tu inmoralidad sexual». Y la hice. De vez en cuando la vuelvo a leer. «Denalyn. Mis tres hijas. Mi yerno. Mis nietos en vías de nacer. Cada persona que ha leído alguna vez uno de mis libros u oído uno de mis sermones. Mi equipo editorial. El personal de la iglesia». La lista me recuerda que un acto de inmoralidad es una pobre permuta por una vida de patrimonio perdido.

Papás: ¿quebrarían ustedes intencionalmente el brazo de su hijo? ¡Por supuesto que no! Tal acción violaría cada fibra de su ser moral. Aun si se envuelven en una actividad sexual fuera de su matrimonio, traerían mucho más dolor a la vida de su hijo que si le rompieran un hueso.

Mamás: ¿obligarían ustedes a su hija a dormir a la intemperie en una noche fría? Absolutamente, no. Pero si ustedes se involucran en aventuras ilícitas, traerán más oscuridad y frío a las vidas de sus hijos que cien inviernos.

Y ustedes, hombres y mujeres solteros. Ustedes no profanarían la Biblia ni se mofarían de la cruz. Pero cuando tienen sexo sin haberse casado, están despreciando uno de los actos sagrados de Dios. «¿O ignoráis que vuestro cuerpo es templo del Espíritu Santo, el cual está en vosotros?» (1 Corintios 6.19).

Las acciones tienen consecuencias. José puso su lealtad por sobre la lujuria. Honrando así a su señor...

Y a su *Señor*. La principal preocupación de José fue la preferencia de Dios. «¿Cómo, pues, haría yo este grande mal, y pecaría contra Dios?» (Génesis 39.9).

La lección que aprendemos de José es sorprendentemente simple: *hagamos lo que agrada a Dios*. ¿Quieren, tus compañeros de trabajo, visitar un club para caballeros una noche de estas? ¿Qué harás tú? *Haz lo que agrada a Dios*. ¿Quiere tu amiguita concluir la velada con tragos en su departamento? ¿Aceptarías? *Haz lo que agrada a Dios*. ¿Te lían tus amigos un cigarrillo de marihuana para que lo pruebes? ¿Te enseñan tus condiscípulos una forma de hacer trampa? ¿Te ofrece la Internet pornografía para mirar? Hazte esta pregunta: ¿cómo puedo agradar a Dios? «Ofrezcan sacrificios de justicia y confíen en el Señor» (Salmos 4.5, NVI).

No se puede arreglar un matrimonio con una aventura amorosa, una adicción a las drogas con más droga, deudas con nuevas deudas. La estupidez no se arregla con más estupidez. No puedes salir de un embrollo creando otro. *Haz lo que agrada a Dios*. Nunca te vas a equivocar haciendo lo que es correcto.

Thomas descubrió eso. En varios sentidos, fue un moderno José. Nacido en 1899, era hijo de un pastor bautista y de una pianista de la iglesia. Desde muy temprana edad tuvo contacto con la música. A los doce, le gustaba imitar la música de jazz de la comunidad afroamericana en el *Deep South* (los estados del sureste de Estados Unidos). Cuando aún era adolescente se fue a Filadelfia y luego a Chicago donde tocó en bares y cantinas. Por ese tiempo, llegó a olvidarse de su fe. Se entregó de lleno a su estilo de vida y le dio la espalda a las convicciones de su primera juventud. Su talento le abrió las puertas al éxito, pero su conciencia no lo dejaba tranquilo. Largas noches tocando en un lugar y en otro lo dejaban cansado y hastiado. Un pariente le aconsejó que volviera a su antigua relación con Dios. A los veintiuno lo hizo. Tuvo un encuentro con Dios acerca del cual habría de escribir más tarde: «Interiormente, me sentía emocionado. Mi alma estaba inundada de un éxtasis divino; mis emociones bullían; mi corazón estaba inspirado para llegar a ser un gran cantante y un obrero en el reino del Señor».[2]

El joven Thomas dirigió toda su energía a honrar a Dios con su música. Ritmos y blues se unieron en alabanza y adoración. El resultado fue un nuevo género de música *gospel* dentro del concepto de *fingertapping* (golpes dados con los dedos en los instrumentos de cuerdas). Aceptó un empleo como director musical de una iglesia en Chicago. A los veintiséis conoció al amor de su vida, con quien contrajo matrimonio. Dio inicio a una compañía de publicaciones y fundó la Convención Nacional de Coros y Agrupaciones Vocales. Trabajó con algunos de los más grandes cantantes en la historia de la música cristiana, incluyendo a Mahalia Jackson. En 1932, Thomas estaba disfrutando plenamente de la bendición de Dios: un matrimonio feliz, un ministerio en pleno crecimiento, el primer hijo en camino. La vida le sonreía.

Pero entonces, apareció el banco de arena. Una noche, después de cantar ante una audiencia en St. Louis, alguien le pasó un telegrama.

Decía únicamente: «Su esposa acaba de morir». Había fallecido mientras daba a luz. Thomas voló de regreso a Chicago. Su hijo recién nacido murió al día siguiente. El músico cayó en una profunda grieta de desconsuelo. Se aisló de la gente y una creciente ira contra Dios empezó a gestarse dentro de él. «Lo único que quería era volver al mundo del jazz que conocía tan bien. Sentía que Dios había sido injusto conmigo. No quería continuar sirviéndole ni volver a escribir canciones cristianas».[3]

Se aisló, dedicándose a vivir de su ira y de su tristeza. Un amigo se dio cuenta de lo que Thomas necesitaba, así que lo llevó a una escuela de música del barrio. Esa tarde, cuando el sol empezaba a ocultarse, Thomas se sentó al piano y empezó a tocar... y a orar. Volcó su corazón a Dios con estas hermosas palabras:

> Toma mi mano, precioso Señor,
> Guíame, mantenme en pie
> Estoy cansado, me siento débil,
> Consumido en este vendaval
> Guíame a la luz en tan oscura noche
> Ten mi mano, condúceme Señor,
> De vuelta al hogar.[4]

Thomas A. Dorsey, por el resto de su vida, testificó que el Señor lo sanó aquella noche, sentado al piano. Escribió más de tres mil canciones llegando a ser uno de los más influyentes compositores cristianos de todos los tiempos.[5] Todo porque se acercó a Dios.

Haz tú lo mismo. Tiempos turbulentos te tentarán a que te olvides de Dios. Atajos te atraerán. Los cantos de sirena resonarán en tus oídos. Pero no seas necio ni ingenuo. Haz lo que agrada a Dios. Nada más, nada menos. Y por amor al cielo, piensa dos veces antes de apretar ese acelerador.

CAPÍTULO 5

¡Ah, así que esto es un campamento de entrenamiento!

E l 28 de noviembre de 1965, el avión de Howard Rutledge hizo explosión bajo fuego enemigo. Él alcanzó a lanzarse en paracaídas para caer en manos del ejército de Vietnam del Norte. Lo llevaron al «Heartbreak Hotel» [Hotel Angustia] una de las prisiones en Hanoi.

Cuando la puerta se cerró y la llave giró en la cerradura del enmohecido hierro, un sentimiento de absoluta soledad cayó sobre mí. Me tendí en el frío piso de cemento de mi celda de 2 x 2 metros. El olor a excremento humano llegaba a mis narices. Una rata del tamaño de un gato pequeño correteó por la celda junto a mí. Las paredes, el piso y el cielorraso estaban llenos de inmundicia. Barras de hierro cubrían una pequeña ventana sobre la puerta. Estaba entumecido y hambriento; el cuerpo me dolía a causa de la inflamación de mis articulaciones y los músculos agarrotados.

Es difícil describir lo que tan solitario confinamiento puede hacer para acobardar y derrotar a un hombre. Rápidamente te cansas de estar de pie o de estar sentado, durmiendo o despierto. No hay libros, ni papel ni lápices; ni revistas ni periódicos. Los únicos colores que se pueden ver son el gris deprimente y el marrón sucio. Pueden pasar meses o años sin ver una salida de sol o de luna, el verde del pasto o las flores. Estás encerrado, solo y silencioso en tu pequeña celda inmunda y respirando suciedad, aire podrido y procurando conservar tu equilibrio mental.[1]

Pocos de nosotros tendremos alguna vez la oportunidad de vivir las duras condiciones de un Campo de Prisioneros de Guerra (POW, por su sigla en inglés); sin embargo, de una u otra manera, todos hemos estado alguna vez tras las rejas.

- Mi correo electrónico contiene hoy una petición de oración por una joven madre a la que se le ha diagnosticado lupus. Encarcelada por mala salud.
- Ayer me reuní para tomar una taza de café con alguien cuya esposa batalla contra la depresión. Esa persona se siente atrapada (cadena número uno) y culpable por sentirse atrapada (cadena número dos).
- Después de medio siglo de matrimonio, la esposa de un amigo empezó a perder la memoria. Tiene que esconderle las llaves del auto, pues no está en condiciones de manejar. Tiene que estar siempre cerca de ella para evitar que se caiga. Tenían la esperanza de envejecer juntos. Así ha sido, pero solo uno de ellos sabe qué día de la semana es.

Todas esas personas se preguntan: *¿dónde está el cielo en esta historia? ¿Por qué Dios permite tales prisiones? ¿Tienen estas angustias algún propósito?* Seguramente José también se las hacía.

Si José no se iba a la cama por las buenas, entonces la señora Potifar lo llevaría por la fuerza. Así que le agarró la túnica que vestía, pero él dejó que la conservara. Prefirió perder su túnica y conservar su integridad. Como José huyó, ella urdió una historia de manera que cuando Potifar regresó a casa, ella lo estaba esperando con su mentira y la túnica de José como prueba. Potifar lo acusó de asalto sexual y lo mandó a la cárcel. «Y [José] estuvo allí en la cárcel. Pero Jehová estaba con José y le extendió su misericordia, y le dio gracia en los ojos del jefe de la cárcel» (Génesis 39.20–21).

No una prisión en el sentido moderno, sino una madriguera, cuartos sin ventana con pisos húmedos, comida añeja y agua amarga. Los guardias lo echaron dentro del calabozo y cerraron la puerta de golpe. José dio con sus espaldas contra la pared y cayó al suelo. «Tampoco he hecho aquí por qué me pusiesen en la cárcel» (Génesis 40.15).

José se había desempeñado en forma excelente en casa de Potifar. Había hecho que su empleador ganara una fortuna. Había hecho su trabajo y su cuarto lucía pulcro. Se había adaptado a la nueva cultura. Había resistido las insinuaciones de tipo sexual. ¿Y cuál fue su recompensa? Preso sin posibilidad de libertad bajo palabra. ¿Desde cuándo una autopista elevada termina en un precipicio?

¿La respuesta? Desde los acontecimientos de Génesis 3, el capítulo que documenta la entrada del mal en el mundo. El desastre vino en forma de Lucifer, el ángel caído. Y como Satanás «ronda como león rugiente» (1 Pedro 5.8, NVI) causa estragos entre el pueblo de Dios. Pondrá a los predicadores en prisión, como hizo con Pablo. Mandará a los pastores al exilio, como hizo con Juan, a islas remotas. Afligirá a los amigos de Jesús, como hizo con Lázaro, con enfermedades. Pero sus estrategias siempre fracasan. En la cárcel, Pablo escribió varias de sus epístolas. Juan el desterrado vio el cielo. La tumba de Lázaro se convirtió en un escenario desde donde Jesús llevó a cabo uno de sus más grandes milagros.

Los intentos del maligno terminan siendo una gran bendición.

Mientras leía esa promesa, me parecía una frase hecha, pegadiza, como si se hubiera hecho para pegarla en el parachoques de un auto. Por supuesto que no es así. No hay nada banal en tu silla de ruedas, en tu despensa vacía o en un corazón adolorido. Eso es ir cuesta arriba; es ponerle la cara al viento. No es nada de fácil.

Pero tampoco es algo que pudiera atribuirse a la casualidad. Dios no es soberano *solo de vez en cuando*. No es victorioso solo *esporádicamente*. Él no está en su trono un día y al siguiente no. El Señor no se volverá «hasta que haya hecho y cumplido los pensamientos de su corazón» (Jeremías 30.24). Esta etapa en la que te encuentras ahora es posible que sea incomprensible para ti pero a Dios no lo desconcierta. Él puede y, de hecho, lo usará para llevar a cabo sus propósitos.

Ejemplo: José en la cárcel. Desde un punto de vista humano, la cárcel egipcia era el trágico final de su vida. Desde sus propias oscuridades, Satanás pudo haber cantado victoria. Todos los planes para usar a José terminaron con el portazo en su celda. El diablo lo tenía justo donde lo quería.

Pero, entonces, Dios actuó.

Le sujetaron [a José] los pies con grilletes, entre hierros le aprisionaron el cuello, hasta que se cumplió lo que él predijo y la palabra del Señor *probó* que él era veraz. (Salmos 105.18–19, NVI)[2]

Lo que Satanás tramó para mal, Dios lo usó como *test*. En la Biblia, un *test* es una prueba externa que purifica y prepara el corazón. Como el fuego refina el precioso metal de escoria e impurezas, el *test* hace lo mismo con el corazón. Uno de los salmistas escribió:

Tú, oh Dios, nos has puesto a prueba; nos has purificado como a la plata. Nos has hecho caer en una red; ¡pesada carga nos has echado a cuestas! Las caballerías nos han aplastado la cabeza; hemos pasado por el fuego y por el agua, pero al fin nos has dado un respiro. (Salmos 66.10–12, NVI)

Día a día Dios nos prueba a través de otras personas, del dolor o de los problemas. Detente un momento y piensa en tus circunstancias.

¿Puedes identificar la prueba del día de hoy? ¿Tráfico enmarañado? ¿Amenaza de mal tiempo? ¿Dolor en las articulaciones?

Si ves tus tribulaciones nada más que como molestias y daños aislados, te vas a convertir en un amargado y malhumorado. Pero si las ves como una prueba usada por Dios para su gloria y tu madurez, entonces aun el incidente más insignificante adquirirá sentido y significado.

Hace solo unos días, mi sábado por la tarde se convirtió en una dura prueba. Denalyn y yo tuvimos un disgusto. Habíamos decidido vender nuestra casa pero no pudimos llegar a un acuerdo con el corredor de propiedades. Yo tenía mi opinión y ella tenía la suya. Ahí estuvimos en un tira y afloja sin que nadie pudiera convencer al otro. Un día placentero se puso agrio. Ella se refugió en su esquina y yo en la mía.

Los sábados tenemos en nuestra iglesia un servicio de adoración. Cuando llegó el momento en que tenía que salir para predicar, le di a Denalyn un *hasta luego* apenas formal y me dirigí a la puerta para ir a trabajar para Dios. «Trataremos esto más tarde», le dije.

Pero Dios quería tratarlo conmigo en forma inmediata. La distancia entre casa y el edificio de la iglesia es apenas de cinco minutos conduciendo. Pero era todo lo que necesitaba Dios para pinchar mi conciencia con el punzón de la verdad. *¿No crees que deberías arreglar las cosas con tu esposa antes de predicar?*

Era una prueba. ¿Me haría el desentendido o me disculparía? ¿Ignoraría la tensión o la confrontaría? No puedo decir que siempre he pasado las pruebas, pero aquel día alcancé pleno éxito. Antes que comenzara el servicio, llamé a Denalyn, me disculpé por mi tozudez y le pedí que me perdonara. Más tarde aquella noche llegamos a un acuerdo con el vendedor, oramos juntos y pusimos el asunto a reposar.

Cada día trae su examen. En algunas ocasiones se trata de la prueba final. Brutal, asechanzas repentinas de tensiones, enfermedades o tristezas. Como José, tú hiciste lo mejor. Como José, tu «lo mejor» fue recompensado con cárcel. ¿Cuál es el propósito de la prueba? ¿Por qué no dejó Dios a José fuera de la cárcel? ¿Podría ser esa la respuesta? «Considérense muy dichosos cuando tengan que enfrentarse con diversas pruebas, pues ya saben que la prueba de su fe produce constancia. Y la constancia debe llevar a feliz término la obra, para que sean perfectos e íntegros, sin que les falte nada» (Santiago 1.2–4, NVI).

Cuando era niño, José tendía a la comodidad. Su padre Jacob lo consentía y lo arruinaba. José hablaba de sus sueños y de sus grandes ambiciones. Quizás exageraba un poco hablando de sí mismo. Incluso en la casa de Potifar, José era querido por todos. Rápidamente promovido, a menudo observado. No le fue difícil alcanzar el éxito. Y también tenía algo de orgullo. Si tal era el caso, un tiempo en la cárcel lo curaría de ese mal. Dios sabía los retos que le esperaban, por eso usó el tiempo en la cárcel para fortalecerlo.

«Y el jefe de la cárcel entregó en mano de José el cuidado de todos los presos que había en aquella prisión; todo lo que se hacía allí, él lo hacía» (Génesis 39.22). ¡Estamos hablando de un curso intensivo de liderazgo! En la casa de Potifar, José había manejado a siervos dóciles. Pero en una cárcel tenía que tratar con revoltosos, indisciplinados y desagradecidos. Es posible que José se haya retirado a un rincón y mascullado: «He aprendido la lección. No estoy trabajando para nadie». Pero no se quejó ni lanzó críticas. Más bien mostró buena voluntad para con los reclusos.

Fue especialmente amable con un copero y con un panadero. El copero y el panadero, ambos oficiales de Faraón, fueron puestos al cuidado de José. Una mañana los notó muy preocupados. No pudo ignorar esas expresiones. ¿Por qué tenía que preocuparse por sus angustias? ¿A quién le importaba si estaban tristes o amargados? José, sin embargo, se interesó por su situación. Es más, las primeras palabras que se registran de José en la prisión eran amables: «¿Por qué parecen hoy mal vuestros semblantes?» (40.7). Abandonado por sus hermanos, vendido como esclavo e injustamente encarcelado, José aun así era afectuoso con los demás. ¿No era una cualidad llena de compasión y muy apropiada de parte de quien pronto sería el director de un programa mundial de ayuda contra el hambre?

Dios aún no había terminado. Tanto el copero como el panadero se sentían atribulados por los sueños que habían tenido. En su sueño, el copero veía una vid con tres sarmientos con uvas. Él prensaba las uvas en la copa de Faraón y le daba de beber. El panadero soñó con pan. En la cabeza tenía tres canastos y las aves se comían el pan que había en ellos. Ambos hombres buscaron la ayuda de José. Y José recibió la interpretación de parte de Dios. ¿Se las diría? La última vez que había hablado de sueños terminó en el fondo de una cisterna seca. Además, solo el cincuenta por ciento de su revelación era buenas noticias. ¿Se sentiría José tan seguro como para compartir las noticias de Dios? Si lo llevaban ante Faraón, ¿podría comunicar exactamente la palabra de Dios? Aquello era un *test*. Una prueba. Y José la pasó. Dio al copero la buena noticia («Dentro de tres días estarás fuera de la cárcel») y al panadero la mala («Dentro de tres días morirás»). Uno tendría un nuevo comienzo; el otro, un nudo corredizo alrededor del cuello.

Test. Test. Test. La mazmorra lucía como prisión, olía como prisión, resonaba como prisión, pero si hubieses tenido que preguntar a los ángeles del cielo por el lugar donde estaba José, te habrían contestado: «Ah, él está en el campamento de entrenamiento».

Este capítulo puede parecerte a rehabilitación, olerte a desempleo, a hospital. Pero si les preguntas a los ángeles, te dirán: «Ah, estás en entrenamiento».

Dios no se ha olvidado de ti. Todo lo contrario. Ha decidido entrenarte. El verbo hebreo para *test* viene de una palabra que significa «mirar intensamente, buscar, elegir».[3] Desecha la idea de que Dios no ve tus sufrimientos. Al contrario, Dios está absolutamente comprometido contigo. Él ve las necesidades de mañana y, por tanto, usa tus circunstancias para crear la prueba de hoy.

¿No tiene autoridad para hacerlo? Él es el Alfarero, nosotros somos el barro. Él es el Pastor, nosotros las ovejas. Él es el Hortelano, nosotros somos las vides. Él es el Maestro, nosotros los alumnos. Confía en su plan de entrenamiento. Lo pasarás. Si Dios quiere hacer un príncipe de un prisionero, ¿no crees que pueda hacer algo bueno de tus tribulaciones?

Recuerda, todos los *test* son temporales. Tienen un límite de duración. «En lo cual vosotros os alegráis, aunque ahora por un poco de tiempo, si es necesario, tengáis que ser afligidos en diversas pruebas» (1 Pedro 1.6).[4] Las pruebas nunca duran para siempre y esta vida tampoco. «Pues nosotros somos de ayer [...] siendo nuestros días sobre la tierra como sombra» (Job 8.9). Algunas pruebas terminan en la tierra, pero todas habrán de concluir en el cielo.

Mientras tanto, sigue el ejemplo de José. Deja que Dios te entrene. Él está observando la forma en que manejas las cosas pequeñas. Si eres fiel en lo poco, él te pondrá en lo mucho (Mateo 25.21). José tuvo un buen desempeño en la cocina y en el calabozo antes de triunfar en la corte. Se preocupó del copero y del panadero antes que de las naciones. La recompensa por un buen trabajo es uno mayor. ¿Aspiras a cosas grandes? Haz bien las pequeñas. Llega a tiempo. Termina tu trabajo temprano. No seas quejón. Deja que otros refunfuñen en la esquina de sus celdas. No lo hagas tú. Tú sabes cómo moldea Dios a sus siervos. Los presos de hoy pueden llegar a ser los primeros ministros mañana. Cuando se te encargue un trabajo, hazlo.

Cuando veas a alguien herido, socórrelo. ¿Qué habría pasado si José, al ver los rostros ensombrecidos de los oficiales de Faraón, no le hubiese dado importancia? ¿Qué si se hubiese preocupado por su propia situación e ignorado la de los otros? ¿Lo habría liberado Dios, aun con eso, de la prisión? No lo sabemos. Pero sí sabemos esto: la bondad de José abrió la puerta de la cárcel ya que el jefe de los coperos lo presentó a Faraón. La compasión le interesa a Dios. Este es el tiempo para el servicio, no para el egocentrismo. Cancela la fiesta de la conmiseración. Demuéstrale amor a la gente que Dios pone en tu camino.

Y comparte el mensaje que Dios te da. Esta prueba será tu testimonio. «[Dios] nos consuela en todas nuestras tribulaciones, para que podamos también nosotros consolar a los que están en cualquier tribulación, por medio de la consolación con que nosotros somos consolados por Dios» (2 Corintios 1.4).

Tú no te inscribiste para este curso intensivo para padres solteros o cuidado del cónyuge incapacitado, ¿verdad? No. Dios te enroló. Él ha tomado ese intento de mal y lo ha confundido en sus propios planes. ¿Por qué? Para que puedas enseñarles a otros lo que él te ha enseñado a ti. Tu confusión puede llegar a ser tu mensaje.

Me gusta la conversación que Bob Benson incluye en su libro *See You at the House* [Te veo en la casa]. Uno de sus amigos tiene un ataque al corazón. Aunque al principio el amigo no estaba seguro de que sobreviviría, se recuperó. Meses después de la cirugía, Bob le preguntó:

—Bueno, ¿qué te pareció tu ataque al corazón?

—Me tuvo cerca de la muerte.

—¿Te gustaría tenerlo otra vez?

—¡No!

—¿Lo recomendarías?

—¡Por supuesto que no!

—¿Tiene hoy tu vida más sentido que antes?

—Bueno, sí.

—Tú y Nell han tenido un matrimonio maravilloso. ¿Se sienten ahora más cerca el uno del otro?

—¡Sí!

—¿Y qué me dices de tu nueva nietita?

—¡Oh! ¿Te mostré su foto?

—¿Tienes un nuevo sentimiento de compasión hacia los demás, un entendimiento más profundo y una mayor simpatía hacia ellos?

—Sí.

—¿Conoces al Señor en un compañerismo más profundo y rico como nunca pensaste que sería posible?

—Sí.

—¿Cómo te pareció tu ataque al corazón?[5]

En lugar de decir: «¿Por qué, Señor?», pregunta: «¿Qué, Señor?». *¿Qué* puedo aprender de esta experiencia? Recuerden hoy a «Jehová vuestro Dios, su grandeza, su mano poderosa, y su brazo extendido» (Deuteronomio 11.2). En lugar de pedirle a Dios que cambie tus circunstancias, pídele que use tus circunstancias para que cambies tú. La vida es una materia obligada. Haz el máximo esfuerzo para aprobarla.

Dios está actuando en cada uno de nosotros, nos demos cuenta o no, lo queramos o no. «Él no se complace en herir a la gente o en causarles dolor» (Lamentaciones 3.33). Él no se deleita en nuestros sufrimientos, sino que en nuestro desarrollo. «El que comenzó en vosotros la buena obra, la perfeccionará hasta el día de Jesucristo» (Filipenses 1.6). Él no va a fallarnos. Él no puede fallar. Él nos hará «aptos en toda obra buena para que hagáis su voluntad» (Hebreos 13.21). Cada desafío, grande o pequeño te ha de preparar para la oportunidad que surja.

Howard Rutledge llegó a tener en alta estima su condición de prisionero de guerra en Vietnam. Esto fue lo que dijo:

Durante esos largos periodos de reflexión forzada se me hizo mucho más fácil separar lo importante de lo trivial, lo de valor y la basura...

Mi hambre por alimento espiritual a menudo me hacía olvidar mi apetito por un pedazo de carne... Quería conocer la parte de mí que no muere... Quería hablar sobre Dios, Jesucristo y la iglesia... La prisión me enseñó que la vida sin Dios es vacía...

El 31 de agosto, después de veintiocho días de tortura, pude recordar que tenía hijos, pero no cuántos. Pronuncié el nombre de Phyllis una vez tras otra para evitar olvidarlo. Oré pidiendo fuerzas. Fue durante la noche del día veintiocho que hice una promesa a Dios. Si sobrevivo a este tormento, el primer domingo que esté libre voy a llevar a Phyllis y a mi familia a su iglesia y... confesaré mi fe en Cristo y me uniré a la iglesia. Eso no fue un trato con Dios para que me permitiera sobrevivir a aquella miserable noche. Fue una promesa que hice después de meses de pensar en ello. Fue necesaria la prisión y horas de angustiosa reflexión para que me diera cuenta de cuánto necesitaba a Dios y a la comunidad de creyentes. Después de haberle hecho aquella promesa a Dios, volví a orar pidiendo fuerzas para pasar aquella noche.

Cuando a través de las grietas de la sólida puerta de aquella prisión
vi descender la mañana, agradecí a Dios por su misericordia.[6]

No veas a tus adversidades como una interrupción de la vida, sino como una preparación para vivir. Nadie dijo que el camino sería fácil ni que estaría exento de dificultades. Pero Dios usará cada tribulación para algo bueno. «Esta disciplina por la que estás pasando no es castigo; es *entrenamiento*, algo normal en la experiencia de los hijos... Dios está haciendo lo que es bueno para ti, preparándote para vivir en la mejor forma la santidad divina» (Hebreos 12.8, 10, traducción libre).

CAPÍTULO 6

Espera mientras Dios trabaja

quí estoy, sentado en la sala de espera. La recepcionista anotó mi nombre, los datos de mi seguro y me indicó una silla: «Por favor, tome asiento. Lo llamaremos cuando el doctor esté listo». Dirigí una mirada a mi alrededor. Una madre sostenía a un bebé durmiendo. Un joven vestido con traje completo hojeaba una revista *Time*. Una dama, con un periódico en la mano, no dejaba de mirar su reloj, suspiraba y continuaba haciendo lo que todos teníamos que hacer: esperar.

La sala de espera. No es el cuarto de examinación. Este está al final del pasillo. No es el cuarto de consulta. Ese está al otro lado de la pared divisoria. No es el cuarto de tratamiento. Exámenes, consultas y tratamiento, todo eso viene después.

El nombre de la sala nos dice lo que es: una sala de espera. Entendemos que nuestra tarea allí es esperar. Nadie habla. Yo no le pido a la enfermera un estetoscopio ni un tensiómetro. No arrimo mi silla a la de la dama que lee el periódico para preguntarle: «¿Qué medicina está tomando?». Ese es el trabajo de la enfermera. El mío es esperar. Y es lo que hago.

No puedo decir que me guste hacerlo. El tiempo se mueve como un glaciar en Alaska. El reloj hace tic tac cada cinco segundos, no cada uno. Alguien presiona el botón de pausa. La vida se mueve en cámara lenta. No nos gusta esperar. Somos la generación instantánea. En la autopista vamos pasando de un carril a otro en busca de un espacio para adelantar. Le gruñimos en la fila del supermercado a la persona que con once artículos se va a pagar a la caja de diez. Tamborileamos con los dedos mientras esperamos que empiece a oírse la música que pusimos en el equipo de sonido o mientras el microondas calienta nuestra taza de café. «¡Vamos! ¡Vamos!». Queremos tener el abdomen plano en diez minutos y el arroz de un minuto en treinta segundos. No nos gusta esperar. Ni en la consulta del doctor, ni en el tráfico ni en la pizzería.

¿Tampoco con Dios?

Tómate un minuto y echa una mirada a tu alrededor. ¿Te das cuenta dónde estamos? Este planeta es la sala de espera de Dios.

¿La pareja de jóvenes en la esquina? Esperando que ella quede embarazada. ¿El señor con el portadocumentos? Ha enviado resumés por todo el país y espera que alguien le proporcione un trabajo. ¿La anciana con el bastón? Una viuda. Ha esperado un año por un día sin lágrimas. Espera. Esperando en Dios por ayuda, por sanidad. Esperando la respuesta de Dios. Vivimos en esta tierra entre oración ofrecida y oración respondida. La tierra de la espera.

Si hubo alguien que conocía el mobiliario de la sala de espera de Dios ese fue José. Un problema con su historia es su brevedad. Podemos leer los relatos del Génesis desde principio a fin en menos de una hora, lo cual pudiera sugerirnos que todos los acontecimientos allí registrados ocurrieron una mañana, antes del desayuno. Seríamos más sabios si nos dejáramos llevar por la lectura a través de unas cuantas décadas.

Lleva el capítulo 37 dentro de la cisterna seca y siéntate allí por un par de horas mientras el sol cae a plomo. Recita el primer versículo del capítulo 39 una vez tras otra por un par de meses. «Llevado, pues, José a Egipto». Seguramente José habría necesitado todo ese tiempo para ir 1200 kilómetros de Dotán a Tebas.

Luego hubo un día, varios días o semanas en el sitio de subasta. Si se agrega a eso aproximadamente una década en la casa de Potifar supervisando a los sirvientes, haciendo los mandados de su dueño, aprendiendo la lengua egipcia. Tic-tac. Tic-tac. Tic-tac. El tiempo transcurre lentamente en tierra extraña.

Y en la cárcel, el tiempo sencillamente se detiene.

José le había pedido al copero que se acordara de él cuando estuviera libre. «Acuérdate, pues, de mí, cuando tengas ese bien, y te ruego que uses conmigo de misericordia, y hagas mención de mí a Faraón, y me saques de esta casa. Porque fui hurtado de la tierra de los hebreos; y tampoco he hecho aquí por qué me pusiesen en la cárcel» (Génesis 40.14–15).

Casi podemos oír al copero que le responde: «¡Seguro! No te preocupes que le hablaré a Faraón de ti en la primera oportunidad que tenga. Ya oirás de mí». José volvió a su celda y empezó a preparar sus cosas. Quería estar listo para cuando le avisaran que quedaba en libertad. Pasó un día. Luego, dos. Y una semana... un mes. Seis meses. Ni una palabra. Al final, resultó que «el jefe de los coperos no se acordó de José, sino que le olvidó» (v. 23).

En la página de tu Biblia, el espacio no escrito entre ese versículo y el siguiente es escasamente más amplio que una cinta para el pelo. Con una ojeada de medio segundo tienes de más para verlo. Pero a José le tomó dos años vivirlo. El capítulo 41 comienza diciendo: «Aconteció que pasados dos años tuvo Faraón un sueño».

¡Dos años! Veinticuatro meses de silencio. Ciento cuatro semanas de espera. Setecientos treinta días de incertidumbre. Dos mil ciento noventa comidas solitario. Diecisiete mil quinientas veinte horas de estar atento a lo que pudiera decir Dios sin oír nada más que silencio.

Tiempo más que suficiente para la amargura, la incredulidad, la ira. Otros se han dado por vencidos por menos razones y mucho menos tiempo.

No así José. Un día que comenzó como cualquier otro, escuchó hierros chirriar a la entrada de su celda. Luego oyó voces poco amables que decían, muy alto: «¡Hemos venido por el hebreo! ¡Órdenes de Faraón!».

José miró desde el rincón de su celda y vio al carcelero, pálido y sin saber qué decir. «¡Levántate! ¡Rápido, arriba!», ordenó, por fin. Dos guardias de la corte le pisaban los talones. José los reconoció desde los días en que había servido en casa de Potifar. Lo agarraron por los codos y lo sacaron de aquel hueco que le había servido de celda. Entrecerró los ojos ante la brillantez de la luz solar. Atravesaron un patio y entraron en un cuarto. Unos asistentes lo rodearon. Le quitaron los andrajos que usaba como ropa, lo bañaron y lo afeitaron. Lo vistieron con una túnica blanca y le pusieron sandalias nuevas. Los guardias reaparecieron y lo condujeron al salón del trono.

Así fue como José y Faraón se encontraron frente a frente por primera vez.

El rey no había dormido bien la noche anterior. Sus sueños perturbaron su descanso. Había oído de las habilidades de José. «Dicen que puedes interpretar sueños», le dijo. «Mis consejeros están mudos como las piedras. ¿Puedes ayudarme?».

Los dos últimos encuentros de José no habían terminado muy bien. La señora Potifar había mentido. El copero lo había olvidado. En ambos casos, José había mencionado el nombre de Dios. Quizás debía ocultar sus posibilidades y mantener su fe en secreto.

Pero no lo hizo. «No está en mí. Dios será el que dé respuesta propicia a Faraón» (v. 16).

José emergió de la prisión alardeando de Dios. El tiempo que había pasado encerrado no había dañado su fe; al contrario, la había hecho más fuerte.

¿Y qué me puedes decir de ti? No estás encarcelado, pero quizás has estado estéril o inactivo, distraído, yendo de un trabajo a otro o buscando salud, ayuda, una casa, un cónyuge. ¿Estás en la sala de espera de Dios? Si es así, he aquí lo que necesitas saber: *mientras tú esperas, Dios trabaja.*

Jesús dijo: «Mi Padre hasta ahora trabaja» (Juan 5.17). Dios nunca juguetea con los dedos. Nunca se detiene. No toma vacaciones. Él descansó el séptimo día de la creación pero volvió al trabajo al octavo día y no ha parado desde entonces. No pienses que porque seas un holgazán, él también lo es.

La historia de José pareció estancarse en el capítulo 40. Nuestro héroe estaba encadenado. El tren se había descarrilado. La historia estaba en compás de espera. Pero mientras José esperaba, Dios estaba trabajando. Acomodaba a los actores. Puso al copero bajo el cuidado de José. Agitó el sueño de Faraón con extrañas pesadillas. Confundió a los «sabios» de Faraón. Y en el segundo preciso, llamó a José al escenario.

Él también está trabajando para ti. «Estad quietos, y conoced que yo soy Dios»[1] dice un letrero que cuelga en la sala de espera de Dios. Tú puedes sentirte contento puesto que Dios es un Dios tan bueno. Puedes estar tranquilo porque está activo. Puedes descansar porque se mantiene ocupado.

¿Recuerdas lo que Dios, a través de Moisés, dijo a los israelitas? «No temáis; estad firmes, y ved la salvación que Jehová [...] Jehová peleará por vosotros, y vosotros estaréis tranquilos» (Éxodo 14.13–14). Los israelitas habían visto el Mar Rojo adelante a la vez que oían al ejército egipcio corriendo tras ellos. Muerte por ambos lados. ¿Estar tranquilos? ¿Estás bromeando? Pero lo que los exesclavos no podían ver era la mano de Dios extendiéndose sobre el agua, creando un pasadizo y con su aliento desde el cielo, separando las aguas. Dios estaba trabajando para ellos.

Dios trabajó para María, la madre de Jesús. El ángel le dijo que quedaría embarazada. Dicho anuncio levantó en su corazón una gran cantidad de preguntas. ¿Cómo ocurriría su embarazo? ¿Qué diría la gente? ¿Qué diría José? Pero Dios estaba trabajando para ella. Y mandó un mensaje a José, su prometido. Dios hizo que César convocara a un censo. Y Dios dirigió a la familia a Belén. «Dios obra en toda situación para el bien de los que lo aman» (Romanos 8.28, PDT).

Esperar, bíblicamente hablando, es no suponer lo peor, no preocuparse, no enojarse, no exigir ni querer asumir el control. Tampoco es esperar inactividad. Esperar es un esfuerzo sostenido para estar enfocado en Dios mediante la oración y la confianza. Esperar es «guardar silencio ante el Señor y esperar en él [...] sin alterarse» (ver Salmos 37.7).

Nehemías nos muestra cómo se hace eso. Su libro es una recopilación de sus esfuerzos por reconstruir las murallas de Jerusalén. Su historia comienza con una fecha. «Aconteció en el mes de Quisleu, en el año veinte, estando yo en Susa, capital del reino, que vino Hanani, uno de mis hermanos, con algunos varones de Judá» (Nehemías 1.1–2). Ellos le llevaban malas noticias. Fuerzas hostiles habían destruido las murallas que una vez protegieron la ciudad. Incluso las puertas habían sido incendiadas. Los pocos judíos que quedaban estaban en «gran mal y afrenta». (v. 3).

Nehemías respondió con oración. «Te ruego, oh Jehová, esté ahora atento tu oído a la oración de tu siervo [...] concede ahora buen éxito a tu siervo, y dale gracia delante de aquel varón» (v. 11).

«Aquel varón» era el rey Artajerjes, monarca de Persia. Nehemías era su copero personal, en servicio las veinticuatro horas del día y los siete días de la semana. No podía, por tanto, alejarse de su servicio para ir a Jerusalén. Aun si hubiese podido, no tenía recursos con qué reconstruir las murallas. Por lo tanto, decidió esperar en el Señor en oración.

El primer versículo del capítulo 2 nos habla del tiempo de espera. «Sucedió en el mes de Nisán» que Nehemías fue nombrado para un puesto en la comisión que iría a Jerusalén. ¿Cuánto tiempo había transcurrido entre esas dos fechas? Cuatro meses. La petición de Nehemías, como se recordará, había sido inmediata: «Concede *ahora* buen éxito a tu siervo». ¡Y Dios contestó la petición cuatro meses después!

Esperar es más fácil decirlo que hacerlo. Para mí no es nada fácil. Toda mi vida la he pasado apurado. Apurado en la escuela. Apurado para terminar de hacer las tareas. Pedaleando rápido, conduciendo aun más rápido. Acostumbraba poner la cara de mi reloj pulsera hacia dentro de mi brazo para no perder una milésima de segundo volviendo la muñeca para ver la hora. ¡Qué locura! Me pregunto si habría sido capaz de obedecer aquel antiguo mandamiento de Dios de guardar la santidad del día de reposo. Habría sido retardar el ritmo de la vida por veinticuatro horas para llevarla a paso de tortuga. El día de reposo fue creado para almas desesperadas como yo, personas que necesitan ese recordatorio semanal: ¡el mundo no se va a detener si tú te detienes!

¿Y qué me dices de este mandamiento: «Tres veces en el año se presentará todo varón tuyo delante de Jehová el Señor, Dios de Israel. Porque yo arrojaré a las naciones de tu presencia, y ensancharé tu territorio; y ninguno codiciará tu tierra, cuando subas para presentarte delante de Jehová tu Dios tres veces en el año» (Éxodo 34.23–24)? Dios dio instrucciones a los pobladores de la tierra prometida para que detuvieran su trabajo tres veces en el año y se reunieran para adorar. Toda actividad comercial, educacional, gubernamental e industrial tenía que detenerse mientras el pueblo estaba reunido. ¿Te imaginas si tal cosa ocurriera hoy? Nuestras naciones quedarían totalmente indefensas.

Pero Dios prometió defender el territorio. Nadie podría invadirlos. Es más, nadie querría hacer eso. «Nadie codiciará tu tierra». Dios usó la travesía por el desierto para enseñarles este principio: si ustedes esperan en adoración, yo trabajaré a favor de ustedes.

Daniel lo hizo. En uno de los ejemplos más dramáticos de espera en la Biblia, este profeta del Antiguo Testamento no dejó de pensar en Dios por un periodo extenso. Su pueblo había estado bajo opresión por casi setenta años. Daniel inició un tiempo de oración a su favor. Durante veintiún días ayunó, privándose de comer y de beber. Insistió, suplicó y agonizó.

No obtuvo respuesta.

Luego, en el día veintidós, un atisbo. Un ángel de Dios se apareció y le reveló la razón de tan larga demora. La oración de Dios había sido atendida el primer día. El ángel había sido enviado con la respuesta: «Ese mismo día fui enviado a reunirme contigo. Pero durante veintiún días el poderoso espíritu malo que domina el reino de Persia bloqueó mi camino. Entonces Miguel, uno de los más altos oficiales del ejército celestial vino en mi ayuda y así pude librarme de esos espíritus gobernadores de Persia» (Daniel 10.12–13, TLB, traducción libre).

Desde una perspectiva terrenal nada había ocurrido. Las oraciones de Daniel habían caído como piedras en terreno duro. Pero desde la perspectiva celestial se estaba librando una batalla en las regiones celestes. Por espacio de tres semanas, dos ángeles estaban librando una feroz batalla. Mientras Daniel esperaba, Dios estaba actuando.

¿Qué habría pasado si Daniel se hubiese dado por vencido? ¿Perdido la fe? ¿Dado las espaldas a Dios?

O mejor aun: ¿qué pasaría si tú te das por vencido? ¿Pierdes la fe? ¿Le das las espaldas a Dios?

No lo hagas. Por amor al cielo. No lo hagas. Todo el cielo está en guerra a tu favor. Sobre ti y a tu alrededor en este preciso instante, los mensajeros de Dios trabajan para ti.

Mantente esperando.

Los que confían en el Señor renovarán sus fuerzas; volarán como las águilas; correrán y no se fatigarán; caminarán y no se cansarán. (Isaías 40.31, NVI)

Fuerzas nuevas. Vigor renovado. Piernas que no se cansan. Deléitate en Dios y traerá descanso a tu alma.

Pasarás sin problemas ese tiempo en la sala de espera. Pon atención a todo y detectarás la más maravillosa sorpresa. El doctor vendrá, se sentará a tu lado y te dirá: «Pensé que podría hacerte compañía mientras esperas». No todos los médicos lo harán. Pero el tuyo sí. Después de todo, es el Médico de los médicos.

CAPÍTULO 7

Más rebotes que Bozo

No me pidan detalles de esta remembranza de mi infancia. No puedo recordar el nombre del niño que ofrecía la fiesta. Tampoco recuerdo mi edad, aunque a juzgar por el barrio donde vivíamos debo haber tenido unos ocho años. No recuerdo lo que jugábamos ni los nombres de los demás niños. Lo que sí recuerdo es al payaso que rebotaba.

Tenía forma de pera, más estrecho en la parte superior que en la inferior. Inflado como Bozo. Tenía aproximadamente mi estatura. La cara pintada completamente. Las orejas casi no se le veían. Tampoco la nariz. Hasta sus brazos se veían aplanados. No producía sonido alguno al tocar un botón ni recitaba poemas al son de alguna cuerda. No hacía nada más que una cosa: rebotar.

Si alguien lo botaba, se caía pero al instante estaba en posición vertical de nuevo. Se le golpeaba con un bate de béisbol, se le daba un golpe en la nariz o un puntapié en la cara y se caía, pero no por mucho rato.

Hacíamos lo imposible por dejarlo horizontal: un golpe tras otro, el siguiente más duro que el anterior. Fracaso absoluto. Bozo se levantaba más veces que los Mets de Nueva York en 1969 [para ser por primera vez un equipo que no fueran los Yankees en ganar la serie mundial]. No era fornido; estaba lleno de aire. No podía agacharse ni defenderse. No nos cautivaba con su buena apariencia ni sus silencios ingeniosos. Era un payaso. Nada más que un payaso. Boca roja y cabello amarillo. Pero algo había en él, o dentro de él, que lo mantenía en pie.

Haríamos bien en aprender su secreto. La vida se nos presenta con una furia de puños que vuelan: un gancho de derecha de rechazo, golpes traicioneros de pérdida; enemigos que nos golpean bajo el cinturón; calamidades que nos hacen tambalear. Es un verdadero festín de golpes.

Algunos de los que caen nunca vuelven a levantarse. Se quedan en la lona: golpeados, amargados, destruidos. Les cuentan hasta diez y nada. Otros, sin embargo, dan más rebotes que Bozo.

Tal fue el caso de José. El pobre parecía una piñata andante. Golpe tras golpe. Los celos furiosos de sus hermanos que lo vendieron como esclavo, el golpe bajo de la falsedad de la mujer de Potifar que lo hizo terminar en la cárcel. El copero olvidando su promesa, lo que hizo que siguiera encarcelado. José se tambaleaba pero se recuperaba. (Pista: la música de *Rocky*.) Por el poder de Dios pudo ponerse en pie y presentarse, más fuerte que nunca, en la corte de Faraón.

Faraón era el gobernante indiscutible de toda la faz de la tierra. Él era su propio gabinete y su propio congreso. Él decía la palabra y se cumplía. Daba una orden y era ley. Entraba a un salón y se le adoraba. Pero ese día, en particular, Faraón no estaba para adoraciones.

Imaginémonos a un Faraón prototípico: pecho desnudo y mandíbula de acero, amplios pectorales, un sólido monarca en la medianía de edad.

Usa una capa sobre los hombros y en la cabeza un cono de cuero al que lo rodea una cobra de feo aspecto. Su barba es falsa, y la pintura en los ojos les da una forma de almendras. Sostiene un báculo en una de sus manos y en la otra deja descansar la barbilla. Esclavos abanican el aire a su alrededor. Un tazón de higos y nueces está al alcance de la mano en una mesa. Pero él no tiene apetito. Solo frunce el ceño. Sus asistentes, ansiosos, hablan en voz baja. Cuando Faraón no está feliz, nadie lo está.

Los sueños lo tuvieron despierto a mitad de la noche. En el primer sueño, unas vacas pastaban a la orilla del río. Siete lucían finas y gordas, buenas candidatas para un comercial de televisión anunciando la mejor carne. Pero cuando las vacas robustas se descuidaron, siete vacas flacas aparecieron por detrás y se las comieron. Faraón se sentó en la cama. Sudaba copiosamente.

Después de unos minutos se olvidó del sueño y se durmió. Pero el segundo sueño fue irritante. Un atado de gavillas con siete cabezas saludables era consumido por un atado de gavillas con siete cabezas mustias. Los dos sueños con el mismo patrón: los siete malos devoraban a los siete buenos.

Faraón despertó perturbado y confundido. Reunió a su gabinete y exigió una interpretación. Vacas comiendo vacas, gavillas comiendo gavillas. ¿Querrían decirle algo aquellos sueños? Su gabinete no tuvo respuesta. No tenían ni idea. Entonces, el copero se acordó de aquel José con el que había compartido la prisión. Sin demora, le dijo a Faraón que el hebreo tenía capacidad para interpretar sueños. El rey hizo chasquear los dedos y de inmediato comenzó una actividad febril. A José lo lavaron y lo llevaron al palacio. En un momento de tremendo dramatismo, el hijo predilecto de Jacob fue escoltado hasta el salón del trono de Faraón.

¡Qué contraste! Faraón, el rey. José, el antiguo pastor. Faraón, urbano. José, rural. Faraón desde el palacio. José, desde la cárcel. Faraón, llevando cadenas de oro. José, luciendo magulladuras provocadas por las cadenas. Faraón tenía sus ejércitos y sus pirámides. José, una túnica prestada y un acento extranjero.

El prisionero, sin embargo, lucía impertérrito. Escuchó los sueños y se entregó al trabajo. No tuvo que consultar a asesores ni a hojas de té. Era algo sencillo, como las cuatro operaciones aritméticas para un profesor de matemáticas de Harvard. «Espere siete años de abundancia y siete años de hambruna». Nadie, incluyendo al propio Faraón, sabía cómo reaccionar. Hambruna era una palabra despreciable en el diccionario egipcio. La nación no fabricaba automóviles ni exportaba camisetas. Su civilización estaba construida sobre la agricultura. Las cosechas hacían de Egipto la joya del Nilo. La agricultura había hecho a Faraón el hombre más poderoso de la tierra. Una sequía de un mes de duración destrozaría la economía del país. Una hambruna de un año debilitaría el trono de Faraón, que poseía todas las tierras alrededor del Nilo. Una hambruna de siete años transformaría al Nilo en un riachuelo y las cosechas en basura. Para Faraón, una hambruna era como si ya no se usaran autos a gasolina, un desastre para los jeques. ¡Apocalipsis!

El silencio en el salón del trono era tan denso que se podía cortar con un cuchillo. Aprovechándose del silencio en el salón, José propuso una solución: «Cree un departamento de agricultura y una comisión con la mejor gente para guardar grano en los años buenos y distribuirlos durante los años de las vacas flacas».

Los ayudantes de Faraón tragaron saliva ante el descaro de José. Una cosa era darle malas noticias a Faraón y otra muy distinta ofrecerle recomendaciones no solicitadas. Pero el tipo no había mostrado el más mínimo complejo al entrar al palacio. No había hecho amago alguno de rendir pleitesía al rey ni había ofrecido ningún elogio a los magos. No besó anillos ni dijo frases aduladoras. Otro habría estado tiritando de miedo. José ni pestañeó.

De nuevo el contraste. La persona más poderosa en el salón, Faraón (gobernador del Nilo, deidad de los cielos, el Gran Señor de las pirámides) estaba necesitando con urgencia un whisky. La persona de más bajo rango, José (exesclavo, convicto, acusado de asalto sexual) estaba más frío que el otro lado de la almohada.

¿Qué hacía la diferencia?

Resistencia y equilibrio. Como Bozo. El payaso en la fiesta de cumpleaños, llegué a entender, estaba estabilizado por un gran trozo de plomo. Una plancha de más de un kilogramo disimulada en la base servía como contrapeso contra los golpes. José, a su vez, tuvo un ancla similar. No un pedazo de hierro, sino una profunda creencia estabilizadora en la soberanía de Dios.

Lo percibimos en la primera frase: «No está en mí. Dios será el que dé respuesta propicia a Faraón...» (Génesis 41.16). La segunda vez que José habló fue para explicar: «Lo que Dios va a hacer, lo ha mostrado a Faraón» (v. 28). José procedió a interpretar los sueños y luego dijo a Faraón que «la cosa es firme de parte de Dios, y que Dios se apresura a hacerla» (v. 32).

¡José hizo referencia a Dios cuatro veces en tres versículos! «Dios... Dios... Dios... Dios...».

¿No hemos visto esto antes? Cuando la mujer de Potifar intentó seducirlo, José la rechazó, diciendo: «¿Cómo, pues, haría yo este grande mal, y pecaría contra Dios?» (Génesis 39.9). Cuando los presos en la cárcel le pidieron que les interpretara un sueño, José les dijo: «¿No son de Dios las interpretaciones?» (40.8). Aseguró el imán de su brújula en una estrella polar divina. Vivió con la convicción de que Dios estaba activo y era capaz de algo significativo.

Y José estaba en lo correcto. Faraón dio un giro sorprendente: «¿Acaso hallaremos a otro hombre como éste, en quien esté el espíritu de Dios?» (41.38). Entonces puso el reino a cargo de José. Ya cuando el día declinaba, el muchachito de Canaán se movilizaba en un carro real, segundo en autoridad, solo después de Faraón. ¡Qué rebote más espectacular!

En el caos llamado «la vida de José» cuento una promesa quebrantada, a lo menos dos traiciones, varias explosiones de odio, dos secuestros, más de un intento de seducción, diez hermanos celosos y un caso de lamentable paternidad. Abuso. Encarcelamiento injusto. Veinticuatro meses comiendo alimento de prisión. Mézclalo todo, déjalo reposar por trece años y ¿qué obtienes? El más grande rebote de la Biblia. El muchacho olvidado de Jacob llegó a ser el segundo hombre más poderoso en el país más poderoso de la tierra. El camino al palacio no fue rápido ni estuvo exento de dolor, pero ¿no podrías decir que Dios tomó ese montón de desgracias e hizo de ellas algo bueno?

¿Y no crees que podría hacer lo mismo con las tuyas? Haz un recuento de tus dolores pasados. Traiciones más rabias más tragedias. ¿Lamentable paternidad? ¿Acusaciones falsas? ¿Toques inapropiados? Ah, cuán onerosa puede ser la vida.

Pero piensa en esto: ¿tiene todavía, el Dios de José, el control? ¡Sí! ¿Puede hacer por ti lo que hizo por José? ¡Sí! ¿Puede el diablo tratar de impedir que llegues a ser la persona que Dios quiere que seas? ¡Sí! Algún día, quizás en esta vida, sin duda en la venidera, vas a poder sacar cuentas de la escoria de tu vida y escribir este resultado: todo bien.

El teniente Sam Brown lo hizo. Después de dos años en West Point, recibió su primer llamado para viajar a Afganistán cuando un artefacto explosivo convirtió su *Humvee* en un coctel Molotov. No recuerda cómo logró salir del vehículo. Solo recuerda cuando rodaba por la arena echándose lo que podía en el rostro quemado, corriendo en círculos y finalmente cayendo sobre sus rodillas. Alzó al cielo sus brazos ardiendo mientras clamaba a viva voz: «¡Jesús, sálvame!».

En el caso de Sam, las palabras fueron más que un alarido desesperado. Él es un creyente consagrado a Jesucristo. Lo que estaba haciendo era pidiéndole a su Salvador que lo llevara de vuelta a casa. Pensó que se podría morir.

Pero la muerte no llegó. El que llegó fue su artillero. Con balas zumbando alrededor de su cabeza, ayudó a Sam a cubrirse. Agazapado detrás de una muralla, se dio cuenta de que trozos de su ropa se estaban fundiendo con su piel. Ordenó a su ayudante que le quitara los guantes de su piel quemada. El soldado dudó antes de obedecer la orden. Con los guantes salieron pedazos de carne de las manos. Brown se retorció en lo que sería el primero de miles de momentos de dolor.

Cuando los vehículos de otro pelotón llegaron, cargaron y se llevaron al soldado herido. Mientras lo subían, Sam pudo mirarse en el espejo del vehículo. No se reconoció.

Aquello ocurrió en septiembre de 2008. Ya cuando me encontré con él, habían transcurrido tres años. Había pasado por docenas de dolorosas cirugías. Le habían removido la piel muerta e implantado piel sana. La gráfica del dolor no tenía números suficientemente altos como para registrar el dolor que sentía.

Pero en medio de aquel horror, una hermosa mujer entró a su vida. La dietista Amy Larsen. Como la boca de Sam había quedado reducida al tamaño de una moneda, Amy monitoreó la entrada de nutrientes. Él recuerda la primera vez que la vio. Cabello oscuro, ojos pardos. Nerviosa. Simpática. Y lo más importante de todo, no se sobresaltó al verlo.

Después de varias semanas, Sam se atrevió a invitarla a salir. Fueron a presenciar un rodeo. Al fin de semana siguiente asistieron a la boda de un amigo. Durante las tres horas que duró el viaje en automóvil, Amy le contó cómo había sabido de él cuando estaba en la unidad de cuidados intensivos cubierto de vendas, sedado con morfina y conectado a un respirador artificial. Cuando recuperó la conciencia, ella pasó por su cuarto. Pero había tanta gente entre familiares y médicos que dio media vuelta y prefirió salir.

Amy y Sam continuaron viéndose. Al comienzo de su relación, Sam mencionó a Jesucristo. Amy no era creyente. La historia de Sam hizo que ella se interesara por Dios. Sam le contó sobre la misericordia de Dios y la guió a Jesucristo. Poco tiempo después, se casaron. Y mientras yo escribo, son padres de un niño de siete meses. Sam dirige un programa para ayudar a los soldados heridos.[1]

Lejos de mi ánimo esté minimizar el horror de un hombre quemándose en el desierto afgano. ¿Quién podría imaginarse la tortura de tener que someterse a una serie de cirugías y programas de rehabilitación? A veces, el matrimonio se ha visto afectado por la tensión emocional. Pero Sam y Amy han llegado a creer que las matemáticas de Dios trabajan en forma diferente a las nuestras. *Guerra + peligro de muerte + rehabilitación angustiosa* = *una hermosa familia y una esperanza real de un futuro brillante*. En las manos de Dios, lo malo termina siendo bueno.

Con la ayuda de Dios, tú puedes rebotar. ¿No crees? Tu rebote puede ocurrir hoy mismo. Durante la mañana de su promoción, José ni podía imaginarse que ese día sería diferente de los setecientos que ya habían pasado. Yo dudo que haya orado: *Dios, por favor promuéveme a primer ministro de Egipto antes que se ponga el sol*. Pero Dios excedió su más preciada oración. José comenzó el día en una mazmorra y lo terminó en un palacio. Cuando cabeceó y se durmió, se dice que sonrió y masculló: «Tal como lo dijo Max, he dado más rebotes que Bozo».

CAPÍTULO 8

¿Es bueno Dios aunque la vida no lo sea?

Recuerdo aquel día de verano brasileño como muy soleado. Denalyn y yo estábamos pasando la tarde con nuestros amigos Paul y Debbie. Su casa nos ofrecía un descanso muy bienvenido. Nosotros vivíamos muy cerca del centro de Río de Janeiro. Ocupábamos un departamento en una especie de rascacielos. Paul y Debbie vivían a una hora del centro de la ciudad donde el aire era más bien frío, las calles se veían limpias y la vida transcurría en calma. Su casa, además de hermosa, tenía piscina.

A nuestra hija Jenna, de dos años, le encantaba jugar con los hijos de ellos. Y eso era, precisamente, lo que estaba haciendo cuando se cayó. Nosotros estábamos siempre atentos a lo que hacían los niños. Habíamos recién entrado a la casa para llenar nuestros platos. Charlábamos y comíamos cuando el hijo de cuatro años de Paul y Debbie llegó y, sin ninguna preocupación como si fuera lo más natural del mundo, le dijo a su mamá: «Jenna se cayó a la piscina». De un brinco salimos al patio. Jenna estaba flotando en el agua sin flotador ni chaqueta salvavidas. Paul se lanzó a la piscina antes que yo, la tomó y se la pasó a Denalyn. Jenna tosió y lloró por un minuto; luego, todo volvió a la normalidad. Tragedia evitada. Hija a salvo.

Imagínate nuestra gratitud. Inmediatamente formamos un círculo con los niños, oramos y cantamos en una actitud de acción de gracias a Dios. Por el resto del día, nuestros pies no tocaron el suelo, y Jenna no abandonó nuestros brazos. Incluso cuando regresamos a casa, iba agradeciendo a Dios. Miré por el espejo retrovisor para ver a Jenna durmiendo plácidamente en su silla; así que hice otra oración: *¡Dios, eres muy bueno!* De pronto, una pregunta surgió en mi pensamiento. ¿Sería de Dios o procedería de la parte mía que se esfuerza por encontrarle sentido a Dios? No sé decirlo. Pero no he olvidado la pregunta: *Si Jenna no hubiera sobrevivido, ¿seguiría Dios siendo bueno?*

Había pasado la mayor parte de la tarde proclamando la bondad de Dios. Pero, si hubiésemos perdido a Jenna, ¿habría yo llegado a la misma conclusión? ¿Es Dios bueno solo cuando el resultado lo es?

Cuando alguien se recupera del cáncer, decimos: «Dios es bueno». Cuando nos hacen un aumento en el salario, decimos: «Dios es bueno». Cuando logramos ingresar a la universidad o nuestro equipo gana, decimos: «Dios es bueno». ¿Diríamos lo mismo si las circunstancias fueran diferentes? ¿En el cementerio como en la sala cuna? ¿En la fila para conseguir trabajo como en la fila del supermercado? ¿En días de recesión como en días de provisión? ¿Es Dios siempre bueno?

Para mis amigos Brian y Christyn Taylor la pregunta es más que una cuestión meramente académica. Durante este último año su hija de siete años tuvo que ser hospitalizada por más de seis meses y sometida a seis operaciones debido a una enfermedad del páncreas. A Brian lo despidieron del trabajo, y varios miembros de la familia murieron en tanto que a otro le diagnosticaron un tumor cerebral; además de todo eso, Christyn quedó encinta, esperando su hijo número cuatro. La vida era dura. Ella escribió en su blog:

> Tantos viajes al hospital con mi hija me dejaron exhausta, pero mi fe no flaqueó. La pérdida de los familiares de Brian, uno tras otro hasta que quedó solo uno a quien le diagnosticaron cáncer cerebral grado 4 fue incomprensible, pero aún mantuve mi fe. Permanecer hospitalizada

durante siete semanas y media por desprendimiento de la placenta fue terrible, pero mi fe no fue afectada. Seguí confiando que Dios obra a favor mío y, que aunque no entendía necesariamente las pruebas, confié en el mejor —aunque no visible—, plan de Dios.

Dios y yo hicimos un pacto. Yo soportaría las pruebas que me vinieran siempre y cuando él reconociera mi punto de saturación. Él sabía dónde estaba ese límite, y yo sabía en mi corazón que él nunca lo cruzaría.

Pero lo hizo. Di a luz una niña muerta. Con mi hija Rebecca aún en casa alimentada a través de un tubo y su estado de salud futuro completamente desconocido llegamos a la conclusión inevitable de que esa bebita que tanto queríamos y amábamos se salvaría. Pero no se salvó. Mi límite fue traspasado. Mi trato unilateral con Dios había sido quebrantado.

En ese momento, todo cambió. El miedo hizo presa de mí y mi fe empezó a derrumbarse. Mi bienestar con Dios ya no era seguro. Si eso pudo ocurrir en medio de nuestras grandes angustias, nada era un juego limpio. Por primera vez en mi vida, la ansiedad hizo presa de mí.[1]

Podemos puntualizar. La mayoría de nosotros, si no todos, tenemos un acuerdo contractual con Dios. El hecho de que no lo haya firmado no nos impide creer en él.

Prometo ser una persona decente, buena y Dios, a cambio...
>*salvará a mi hijo.*
>*sanará a mi esposa.*
>*cuidará mi trabajo.*
>*(llena el espacio en blanco.)_____*

Justo, ¿no? Pero cuando Dios no satisface nuestras expectativas, quedamos girando en un torbellino de preguntas. ¿Es él realmente bueno?

¿Estará Dios enojado conmigo? ¿Se habrá esfumado? ¿Tendrá recargo de trabajo? ¿Será que su poder es limitado? ¿Su autoridad restringida? ¿Lo habrá superado el diablo? ¿Qué creemos de Dios cuando la vida no es buena? ¿Dónde está él en todo eso?

Las palabras de José a Faraón ofrecen algo de ayuda. No pensamos que José haya sido un teólogo. Nada parecido a Job, el patriarca sufriente; ni a Pablo, el apóstol. Por un lado no tenemos muchas de las palabras de José. Pero las pocas que tenemos nos revelan a un hombre que luchó con la naturaleza de Dios.

Al rey le dijo:

> Después llegarán siete años de un hambre tan intensa que hará olvidar toda esa prosperidad de Egipto. El hambre destruirá la tierra. La hambruna será tan grave que borrará hasta el recuerdo de los años buenos. El haber tenido dos sueños similares significa que esos acontecimientos fueron decretados por Dios, y él hará que ocurran pronto. (Génesis 41.30–32, NTV)

José vio ambas épocas, la de abundancia y la de escasez; ambas bajo el paraguas de la jurisdicción divina. Ambas habían sido «decretadas por Dios».

¿Cómo podía ser eso? ¿Era la calamidad idea de Dios?

Por supuesto que no. Dios nunca crea ni apuesta a la maldad. «Lejos esté de Dios la impiedad, y del Omnipotente la iniquidad» (Job 34.10, ver también Santiago 1.17). Él es la esencia de lo bueno. ¿Cómo podría él, que es bueno, inventar algo malo?

Él es soberano. Repetidamente, la Escritura atribuye control total y absoluto a su mano. «El Altísimo Dios tiene dominio sobre el reino de los hombres, y [...] pone sobre él al que le place» (Daniel 5.21). Dios es bueno. Dios es soberano. Entonces, ¿cómo consideramos las calamidades en el mundo de Dios?

Esta es la forma en que la Biblia lo hace: Dios las permite. Cuando los demonios rogaron a Jesús que los enviara a un hato de puercos, él «les dio permiso» (Marcos 5.12–13). A pesar de su rebelión, Dios dijo: «Los contaminé con sus propias ofrendas... para horrorizarlos y hacerles reconocer que yo soy el Señor» (Ezequiel 20.26). La antigua ley habla de las consecuencias por matar accidentalmente a una persona: «Si el homicidio no fue intencional, pues ya estaba de Dios que ocurriera, el asesino podrá huir al lugar que yo designaré» (Éxodo 21.13).

A veces, Dios permite las tragedias. Él permite que la tierra se seque y que los tallos crezcan desnudos. Le permite a Satanás que desate el caos. Pero no permite que triunfe. ¿No es esta la promesa de Romanos 8.28: «Y sabemos que a los que aman a Dios, todas las cosas les ayudan a bien, esto es, a los que conforme a su propósito son llamados»? Dios promete hacer bellas «todas las cosas», no «cada cosa». Los sucesos aislados pueden ser malos pero el resultado final es bueno.

En nuestras propias vidas vemos pequeños ejemplos de eso. Cuando sorbes de una taza de café y dices: «¡Qué sabroso!», ¿qué estás diciendo? ¿Es buena la bolsa plástica que contiene los granos? ¿Son los granos buenos en sí mismos? ¿Es buena el agua caliente? ¿Es bueno un filtro para el café? No. Nada de eso. Lo *bueno* ocurre cuando los ingredientes trabajan juntos, cuando la bolsa se abre y los granos se muelen, el agua se calienta a la temperatura adecuada. La cooperación colectiva de los elementos es lo que crea lo bueno.

Nada en la Biblia nos haría llamar bueno a una hambruna o a un ataque al corazón o a un ataque terrorista. Esas son terribles calamidades, productos de un planeta Tierra caído. Por el contrario, cada mensaje en la Biblia, en especial la historia de José, nos compele a creer que Dios las mezclará con otros ingredientes para sacar algo bueno de ellas.

Pero debemos dejar que Dios defina lo que es *bueno*. Nuestra definición incluye salud, comodidad y reconocimiento. ¿La de él? En el caso de su Hijo, Cristo Jesús, la vida buena consistió en sufrimientos, tormentas y muerte. Pero Dios mezcló todo eso para producir la más grande de las cosas buenas: su gloria y nuestra salvación.

Joni Eareckson Tada ha pasado la mayor parte de su vida intentando reconciliar la presencia del sufrimiento con la naturaleza de Dios. Era una adolescente cuando al intentar un clavado, se rompió el cuello. Después de más de cuarenta años en silla de ruedas, ha llegado a la siguiente conclusión:

> [Al principio] pensé que si Satanás y Dios estaban involucrados en mi accidente, entonces quería decir que el diablo había forzado a Dios para que le diera permiso...
>
> Me imaginé que una vez que Dios le dio permiso a Satanás, corrió nervioso hasta donde yo estaba para ofrecerme algunos instrumentos que pudieran reparar el daño, tratando de componer lo que Satanás había desbaratado, diciéndose a sí mismo: «Grandioso... ¿y ahora cómo haré para que de esto salga algo bueno?».
>
> Pero la verdad es que Dios es infinitamente más poderoso que Satanás.
>
> Aunque el propósito del diablo con mi minusvalidez era hacer naufragar mi fe al poner una silla de ruedas en mi camino, estoy convencida de que el objetivo de Dios fue impedir que el diablo usara esa silla para cambiarme y que no me hiciera más como Cristo en medio de todo eso... [él puede] producir un bien grandioso de la perversidad del diablo.[2]

Ese fue el mensaje de Jesús. Cuando sus seguidores divisaron a un ciego a la orilla del camino, pidieron a Jesús una explicación. ¿Estaría enojado Dios? ¿De quién era la culpa? ¿Quién había pecado? La respuesta de Jesús ofreció una opción superior: el hombre quedó ciego para que «las obras de Dios se manifiesten en él» (Juan 9.3). Dios cambió la ceguera, algo terrible, en un cartel anunciando el poder sanador de Jesús. Satanás atacó. Dios contraatacó y ganó el bueno. Un tipo de lucha divina. Dios redirige la energía del maligno contra su fuente. «[Dios] usa lo malo para traer al maligno a cero».[3] Él es el maestro, en el juego de ajedrez, que siempre da jaque mate al diablo.

Nosotros tenemos que decidir: o confiamos en Dios o nos alejamos de él. Él cruzará la línea. Él devastará nuestras expectativas. Y a nosotros no nos quedará otro camino que decidirnos.

Christyn Taylor hizo la suya. ¿Recuerdas la joven madre que mencioné antes? Ella concluyó su blog con estas palabras:

> He pasado semanas tratando de entender por qué un Dios tan amoroso pudo permitir que ocurrieran esas cosas en mi familia en un momento. La única conclusión a la que pude llegar fue que tengo que renunciar a mi límite. Tengo que ofrecer mi vida entera, cada minuto de ella, al control de Dios sin pensar en los resultados.
>
> Mi familia está en las manos de Dios. No se han trazado líneas ni hecho tratos. He entregado nuestras vidas al Señor. Allí donde había pánico, ahora hay paz y calma donde antes imperaba la ansiedad.[4]

En algún momento, todos tenemos que encontrarnos en esta intersección. ¿Es Dios bueno cuando las consecuencias no lo son? ¿Durante las hambrunas como en los banquetes? La respuesta definitiva llega en la persona de Jesucristo. Él es la única foto de Dios que existe. ¿Quieres conocer la respuesta más clara del cielo a la cuestión del sufrimiento? Mira a Jesús.

Él presionó con sus dedos la piel lacerada del leproso. Sintió las lágrimas de la mujer pecadora que lloró. Inclinó su oído al clamor de los hambrientos. Lloró ante la muerte de un amigo. Detuvo su trabajo para atender a las necesidades de una madre afligida. Él no retrocedió ni corrió, ni se aisló ante la presencia del dolor. Todo lo contrario. No pasó por el mundo dentro de una burbuja ni predicó desde una isla desierta, aséptica o libre de dolor. Él tomó de su propia medicina. Jugó con sus propias reglas. ¿Discusiones sin sentido en la vida familiar? Jesús las vivió. ¿Acusaciones crueles de hombres celosos? Jesús supo de sus aguijonazos. ¿Una muerte aparentemente sin sentido? Observa la cruz. Él no exige nada de nosotros que no haya experimentado por sí mismo.

¿Por qué? Porque es bueno.

Dios no nos debe más explicación que esta. Por lo demás, si nos dio una, ¿qué nos hace pensar que la entenderemos? ¿No será que el problema radica menos en el plan de Dios y más en nuestra perspectiva limitada? Supongamos que la esposa de George Frederick Handel encontrara en la cocina de su casa una página del famoso oratorio *El Mesías*, compuesto por su marido. Toda la obra tiene más de doscientas páginas. Y que en esa sola página su esposo haya escrito nada más que un compás en tono menor; algo que solo no tendría sentido. Supongamos que ella, con ese fragmento de disonancia en la mano, se haya dirigido al estudio de su esposo para decirle: «Esta música no tiene sentido. Eres un pésimo compositor». ¿Qué habría pensado él?

Quizás Dios piense algo parecido cuando hacemos como la señora. Señalamos aquel tono menor: nuestro hijo enfermo, unas muletas, o la hambruna y decimos: «¡Esto no tiene sentido!». Pero, de toda su creación, ¿cuánto más hemos visto? Y de toda su obra, ¿cuánto entendemos? Solo un pedacito. Una mirilla en la puerta. ¿Será posible que exista alguna explicación para el sufrimiento que no la conozcamos? ¿Qué dirías tú si la respuesta de Dios a las preguntas sobre el sufrimiento requiriese más megabytes que los que tiene nuestra pobre mente?

¿Y no crees que las maravillas del cielo sean capaces de hacer de una vida llena de dificultades algo bueno? Pablo opina así: «Porque esta leve tribulación momentánea produce en nosotros un cada vez más excelente y eterno peso de gloria» (2 Corintios 4.17).

Supongamos que te invito a vivir el día de tus sueños. Veinticuatro horas en una isla paradisíaca con la gente, la comida y las actividades que más te gustan, pero con la única condición: una milésima de segundo de incomodidad. Por razones que opto por no explicar, tendrás que comenzar el día con esa milésima de segundo de aflicción.

¿Aceptarías mi oferta? Supongo que sí. Una porción tan pequeña de un segundo no es nada comparado con veinticuatro horas. En el reloj de Dios, tú estás en el medio de una milésima de segundo. Comparado con la eternidad, ¿qué son setenta, ochenta, noventa años? Solo un vapor. Un chasquear de dedos comparado con el cielo.

Tu dolor no va a durar para siempre, pero tú sí. «Las aflicciones del tiempo presente no son comparables con la gloria venidera que en nosotros ha de manifestarse» (Romanos 8.18).

Lo que venga le dará significado a lo que está ocurriendo ahora. Deja que Dios termine su trabajo. Deja que el compositor concluya su sinfonía. El pronóstico es sencillo. Días buenos. Días malos. Pero Dios está en *todos* los días. Él es el Señor de las hambrunas, de las fiestas y usa a ambas para que se cumpla su voluntad.

CAPÍTULO 9

Un toque de gratitud con esa actitud, por favor

Aunque trato de pasar por una persona refinada, mi condición de obrero se me asoma por debajo del esmoquin. Esto ocurrió, precisamente, hace algunos años cuando recibí la invitación a ir a la casa de un ministro del evangelio a tomar el té. Yo era un colega recién llegado a la ciudad. Él, en cambio, educado en Inglaterra, era un pastor ya aclimatado en Nueva Zelandia. Cuando me invitó a que predicara en su iglesia, me sentí honrado. Cuando me invitó a su casa a tomar el té, me sentí intrigado.

Yo nunca había oído hablar de algo como *high* té. Té (para los muchachos del oeste de Texas) te recuerda cosas como: una jarra, un vaso grande de vidrio, cubitos de hielo y una bolsita de Lipton (que es una marca de té). Dejándome llevar por mi espíritu aventurero, acepté la invitación. Esperé expectante encontrarme con el té y la bandeja de galletitas. Pero entonces, llegó la hora de la verdad. Mi anfitriona me preguntó con qué quería mi té. Me ofreció dos opciones: limón o leche. La pregunta me sorprendió y decidí ser lo más gentil posible a la vez que no me quería perder nada; así es que dije: «Los dos, por favor».

La expresión en su rostro no me dejó dudas. Había metido la pata. «No se mezcla limón y leche en la misma taza», me explicó gentilmente, «a menos que quiera una taza de cuajada».

Algunas cosas no fueron hechas para coexistir. ¿Gatos con cola larga y sillas mecedoras? Mala combinación. ¿Toros en un cuarto con vajilla de porcelana? Ni pensarlo. ¿Bendiciones y amarguras? Es una mezcla que no va bien con Dios. Combina amabilidad celestial con ingratitud terrenal y espera un brebaje agrio.

A lo mejor lo has probado. La gratitud no viene naturalmente. La autocompasión, sí. Y el quejarse por todo. Ninguno de estos tiene que recordarnos que están a nuestra disposición. Pero no se mezclan muy bien con la amabilidad que nos ha sido dada. Una cucharada de gratitud es todo lo que necesitamos.

José tomó más de una cucharada. Él tenía razón para estar desagradecido. Abandonado, convertido en esclavo. Traicionado. Exiliado. Pero si intentamos hallar en él matices de amargura, no lo vamos a encontrar. Lo que sí descubriremos será dos dramáticos gestos de gratitud.

> Y nacieron a José dos hijos antes que viniese el primer año del hambre, los cuales le dio a luz Asenat, hija de Potifera, sacerdote de On. Y llamó José el nombre del primogénito, Manasés; porque dijo: Dios me hizo olvidar todo mi trabajo, y toda la casa de mi padre. Y llamó el nombre del segundo, Efraín; porque dijo: Dios me hizo fructificar en la tierra de mi aflicción. (Génesis 41.50–52)

Ponerles nombre a los hijos no es una responsabilidad menor. El nombre nos acompaña de por vida. Adondequiera que el hijo vaya, donde sea que lo presenten, la decisión de los padres será recordada. La mayoría de los padres pasan trabajo para seleccionar el nombre perfecto para sus hijos. Tal fue el caso de José.

Aquellos eran días de abundancia. Dios había premiado a José con un lugar en la corte de Faraón y una esposa para su casa. Había llegado el tiempo de formar una familia. La joven pareja estaba descansando en el sofá cuando José le dio a Asenat unas palmaditas en la panza al tiempo que le decía:

—He estado pensando en nombres para nuestro bebé.

—Oh, mi amor. Yo también. Precisamente acabo de comprar en la tienda de la esquina un libro con nombres para bebés.

—No lo vamos a necesitar. Yo ya tengo el nombre.

—¿Y cuál es?

—Dios me hizo olvidar.

—Si él te hizo olvidar ¿cómo podrías nombrarlo así?

—No, mi amor. Ese es el nombre: «Dios me hizo olvidar».

Ella le echó una mirada de esas que las esposas egipcias tienen para sus maridos hebreos.

—«¿Dios me hizo olvidar?». Eso significa que cada vez que llame a mi niño le voy a tener que decir: «Dios me hizo olvidar», ¿podrías venir un momento, por favor?. —Movió la cabeza y volvió a la carga—: Es tiempo de la cena, «Dios me hizo olvidar». Ven a la mesa pero antes lávate las manos, «Dios me hizo olvidar». Yo no sé, José. Había pensado en algo como Tut o Ramsés. O Max. ¿No has pensado en ponerle Max? Ese es un nombre reservado para gente muy especial.

—No, Asenat. Mi decisión ya está tomada. Cada vez que se pronuncie el nombre de mi hijo, el nombre de Dios será exaltado. Dios me hizo olvidar todo el dolor y las heridas que experimenté a mano de mis hermanos y quiero que todo el mundo lo sepa. Y que Dios lo sepa, que soy agradecido.

Aparentemente, la señora estuvo de acuerdo con la idea porque al segundo hijo, ella y José le pusieron «Dios me hizo prosperar». Un nombre honraba la misericordia de Dios; el otro, proclamaba su protección.

¿Crees que Dios se dio cuenta de la decisión de José? En una historia del Nuevo Testamento encontramos la respuesta. Varios siglos después «Jesús [...] llegó a la frontera entre Galilea y Samaria. Al entrar en una aldea, diez leprosos se quedaron a la distancia, gritando: ¡Jesús! ¡Maestro! ¡Ten compasión de nosotros!» (Lucas 17.11–13, NTV).

Es probable que los hombres hayan estado esperando a Jesús en un recodo del camino. O quizás salieron de detrás de unos árboles o de unas rocas. Aunque no sabemos de dónde aparecieron, sí sabemos lo que gritaban: «¡Inmundo! ¡Inmundo!». La advertencia no era necesaria. Su sola presencia hacía que la gente se apartara de ellos. Piel ulcerada, extremidades amputadas, rostros hinchados. La gente evitaba a los leprosos. Pero Jesús los perseguía. Cuando oyó sus gritos, les dijo: «Vayan y preséntense a los sacerdotes» (v. 14).

Los leprosos entendieron la trascendencia de esa orden. Solo el sacerdote podía revertir el estigma. Para darle el crédito correspondiente a los leprosos, estos hicieron lo que Jesús les había mandado. Y para darle el crédito correspondiente a Jesús, fueron sanados. Mientras iban, tiraron lejos sus muletas y se despojaron de sus capuchas. Sus espinazos empezaron a enderezarse, la piel se les aclaró y regresaron a sus rostros las sonrisas. Esa masa de miseria que eran se transformó en un coro que brincaba y gritaba celebrando la salud.

Desde lejos, Jesús los vio danzando. Y esperó que regresaran. Y esperó. Y esperó. Algunos de los discípulos se recostaron en el suelo. Otros fueron en busca de comida. Jesús permaneció de pie. Quería oír lo que contaran sobre el reencuentro con sus familiares. ¿Cómo habían reaccionado sus esposas? ¿Qué habían dicho sus hijos? ¿Cómo se sentían ahora que estaban sanos? Jesús esperó que los diez regresaran para darle las gracias. Pero solo uno de ellos volvió.

Uno de ellos, cuando vio que estaba sano, volvió a Jesús, y exclamó: «¡Alaben a Dios!». Y cayó al suelo, a los pies de Jesús, y le agradeció por lo que había hecho. Ese hombre era samaritano. Jesús preguntó: «¿No sané a diez hombres? ¿Dónde están los otros nueve? ¿Ninguno volvió para darle gloria a Dios excepto este extranjero?». (vv. 15–18, NTV)

Hasta Jesús estaba sorprendido. Cualquiera pensaría que ni el fuego ni el granizo podrían haberles impedido regresar y caer a los pies de Jesús. ¿Dónde habían quedado los otros nueve? Es fácil hacer conjeturas.

Algunos estaban demasiado ocupados para ser agradecidos. Planeaban como dar las gracias. Pero primero debían hallar a sus familiares, sus médicos, sus perros, sus pericos y sus vecinos. Demasiada ocupación.

Se cuidaban de expresar gozo manteniendo sus esperanzas bajo control. Esperaban leer primero la letra menuda. Esperaban ver lo que Jesús quería a cambio de lo que les había hecho. Todo era demasiado hermoso para ser verdad, por lo cual eran cautelosos.

Otros eran demasiado egocéntricos para ser agradecidos. La vida de enfermo había sido muy simple. Ahora tenían que buscar trabajo, desempeñar un papel en la sociedad.

Otros eran demasiado arrogantes. Nunca habían tenido *esa* enfermedad. Con un poco más de tiempo, se habrían recuperado. Además, ser agradecido implica admitir haber estado en necesidad. ¿Quién querría mostrar debilidad cuando se tiene una imagen que proteger?

¿Demasiado ocupados, demasiado cautelosos, demasiado ególatras, demasiado arrogantes... demasiado cerca de casa? Si esta historia nos va a mostrar algo, es que nueve de cada diez sufren de ingratitud. Proporciones epidémicas. ¿Por qué? ¿Por qué esa depreciación del agradecimiento?

Creo que en un viaje reciente descubrí la respuesta. Cuando regresaba a casa desde el Medio Oeste, una tormenta de nieve nos dejó varados en Dallas. Salí corriendo a la sala de abordaje en busca del vuelo que me llevara a San Antonio. El aeropuerto estaba convulsionado. Todos se agolpaban en las puertas. Mi avión estaba sobrecargado de pasajeros. Con toda la amabilidad que pude, le pregunté a una de las asistentes de la aerolínea:

—¿Quedará un asiento disponible?

La joven se fijó en la pantalla de su computadora y me dijo:

—No, señor, me temo que...

Yo ya sabía cómo terminaría la frase: «...tendrá que pasar la noche aquí», «...va a tener que buscar un hotel», «...va a tener que embarcarse en el vuelo de las seis de la mañana que lo llevará a San Antonio».

Pero no dijo nada de eso. Al contrario, me miró y sonrió. —No tenemos cupo en la clase turista, así que vamos a tener que ponerlo en primera clase. ¿No le importaría, verdad?

—¿Le importaría si la besara?

Me embarqué y me acomodé en el amplio asiento con un gran espacio para estirar las piernas.

Ponle color a mi agradecimiento.

Ningún pasajero estaba más agradecido que yo. Un señor al otro lado del pasillo expresaba su enojo porque tenía solo una almohada. La aeromoza aseguraba las puertas para el despegue, y él no dejaba de quejarse por el servicio tan ineficiente. «Yo pagué para viajar en primera clase. Estoy acostumbrado a una mejor atención. ¡Necesito otra almohada!».

A mi lado del pasillo, otro pasajero sonreía con la complacencia de quien se ha ganado la lotería sin haber comprado un número. Uno refunfuñaba; el otro agradecía. ¿La diferencia? El gruñón había pagado para ir en primera clase. A mí, el asiento me lo habían regalado.

¿En qué lado del pasillo te ubicarías tú?

Si sientes que el mundo te debe algo, prepárate para una vida de horas amargas. Nunca vas a conseguir la paga que esperas. Para ti el cielo nunca será lo suficientemente azul; el bistec nunca estará bien cocinado; el universo no será lo suficientemente digno de tener entre los seres humanos a alguien como tú. Llegarás irritado y rezongando a una muerte temprana. «El hombre orgulloso rara vez es una persona agradecida porque nunca cree que ha recibido tanto como merece».[1]

El corazón agradecido, por otra parte, ve cada día como un regalo. Se enfoca menos en la almohada que le falta y más en los privilegios que tiene. Recientemente asistí a un banquete en el cual se regaló una casa a un soldado a quien habían herido en el campo de batalla. Estuvo a punto de caerse al recibir la noticia. Utilizando su pierna buena brincó hacia donde estaba el presentador y lo abrazó efusivamente. «¡Gracias! ¡Gracias! ¡Gracias!». Luego abrazó al guitarrista del conjunto musical y a una señora que estaba en la primera fila. Agradeció al mesero, a los otros soldados que estaban allí y de nuevo al presentador. ¡Antes que la noche se acabara, me agradeció a mí! Y yo, por supuesto, no había hecho nada.

¿Deberíamos nosotros ser igual de agradecidos? Jesús está construyendo una casa para nosotros (Juan 14.2). Nuestro título de propiedad es tan cierto como el de ese soldado. Es más, Jesús nos curó de la lepra. El pecado había gangrenado nuestras almas y embotado nuestros sentidos. Pero el Hombre del camino nos dijo que había sanidad para nosotros y, ¡he aquí fuimos sanados!

El corazón agradecido es como un imán que recoge durante el día razones para estar agradecidos. Un trillón de diamantes brillan contra el terciopelo de tu cielo cada noche. *Gracias, Dios.* Un milagro de músculos permiten que tus ojos lean estas palabras y tu cerebro las procese. *Gracias, Dios.* Tus pulmones inhalan y exhalan once mil litros de aire cada día. Tu corazón palpitará unos tres billones de veces en toda tu vida. Tu cerebro es un auténtico generador eléctrico. *Gracias, Dios.*

Por la mermelada en nuestra tostada y la leche en nuestro cereal. Por la frazada que nos cobija, el chiste que nos deleita y el calor del sol que nos recuerda el amor de Dios. Por los miles de aviones que no se cayeron hoy. Por los hombres que no engañaron a sus esposas, las esposas que no se apartaron de sus maridos y los hijos que, no obstante las tremendas presiones para deshonrar a sus padres, decidieron no hacerlo. *Gracias, Dios.*

La gratitud nos conduce a través de tiempos difíciles. Reflexionar sobre las bendiciones es meditar en los méritos de Dios. Reflexionar en los méritos de Dios es descubrir su corazón. Descubrir su corazón es conocer no solo sus buenos dones, sino al Buen Dador. La gratitud siempre nos deja mirando a Dios y nos aleja del temor. Hace con la ansiedad lo que el sol con la neblina matutina en los valles: la disipa.

Únete al diez por ciento que ofrece a Dios una ovación de pie. «Den gracias por todo a Dios el Padre en el nombre de nuestro Señor Jesucristo» (Efesios 5.20, NTV).

Tú no tienes que nombrar a tu hijo con un nombre que lleva algún significado de Dios como lo hizo José, aunque sí podrías hacerlo. O podrías hacer una lista de sus bendiciones o escribir una canción en su honor. Podrías apadrinar a un huérfano, comprar algo que una familia necesite y que no puede adquirir por sus propios medios, o adoptar a un niño así como Dios te adoptó a ti. El camino más seguro para salir de una depresión es el que está marcado por el letrero que dice «Gracias».

¿Y qué podemos decir de los días malos? ¿Las noches cuando no llega el sueño y las horas cuando no podemos descansar? ¿Habrá en nosotros un gesto de agradecimiento? Jesús lo tuvo. «La noche en que fue traicionado, el Señor Jesús tomó pan y dio gracias a Dios por ese pan. Luego lo partió» (1 Corintios 11.23–24, NTV).

No es frecuente encontrar las palabras *traicionado* y *gracias* en una misma frase. Mucho menos en el mismo corazón. Jesús y sus discípulos estaban en el aposento alto. En un rincón, Judas, el taimado. Pedro, el impetuoso, sentado a la mesa. Pronto, uno de ellos traicionaría a Jesús; el otro, lo maldeciría. Jesús lo sabía todo; no obstante, en la noche en que lo traicionarían, dio gracias. En medio de la oscura noche del alma humana, Jesús encontró un motivo para dar gracias. Cualquiera da gracias por la luz. Jesús nos enseña a dar gracias a Dios por la noche.

Él le enseñó a hacerlo a Daniel, de ocho años. Mi amigo Rob lloraba mientras me contaba la historia sobre la vida de su hijo menor. Daniel nació con un doble paladar hendido, lo cual desfiguraba dramáticamente su rostro. Aunque fue sometido a cirugía su aspecto no ha mejorado mucho, por lo cual la gente constantemente nota la diferencia y a veces hace comentarios al respecto.

Daniel, sin embargo, ni se inmuta. Le dice a la gente que Dios lo hizo así, por lo cual no hay problema alguno. En la escuela lo eligieron el alumno de la semana y le pidieron que trajera algo para mostrar a sus compañeros en una clase que llaman «mostrar y contar». Así que Daniel le dijo a su mamá que quería llevar las fotos que mostraban su rostro antes de la cirugía. Su mamá quedó atónita al escuchar eso. «¿No crees que podrías hacer el ridículo?», le preguntó.

Pero Daniel insistió. «Ah, no. ¡Quiero que todos vean lo que Dios hizo por mí!».[2]

Trata de desafiar el gozo de Daniel y verás qué va a pasar. Dios te ha entregado una taza de bendiciones. Endúlzala con una cucharada colmada de gratitud.

«Permítanme presentarles a mis hijos», pudo haber dicho José a sus amigos. «Vengan acá "Dios me hizo olvidar" y "Dios me hizo prosperar"». ¿Que de dónde saqué esos nombres? Por favor, tomen asiento y permítanme contarles lo que Dios hizo por mí».

CAPÍTULO 10

Veamos ahora algunos de esos escándalos y canalladas de familia

Las heridas familiares tardan en sanar.

Espero que tu infancia haya sido feliz con padres que se preocuparon por tu alimentación, tu seguridad y tu alegría. Que tu papá haya regresado a casa todos los días, que tu mamá te haya llevado a dormir cada noche y que tus hermanos hayan sido tus mejores amigos. Y, además, espero que encuentres irrelevante este capítulo sobre el dolor familiar.

Pero si no es así, necesitas saber que no eres el único. Las familias más famosas de la Biblia sufrieron toda clase de desgracias. Adán acusó a Eva. Caín mató a su hermano menor. Abraham mintió con respecto a Sara. Rebeca favoreció a Jacob. Jacob trampeó a Esaú y enseguida dio origen a una manga de rufianes. El libro de Génesis está lleno de desastres familiares.

José no merecía que sus hermanos lo abandonaran. Es cierto. Él no era la mejor compañía para ellos. Hacía alarde de sus sueños, lo que molestaba a sus hermanos.[1] Tenía un grado de culpa por las fricciones que había en la familia. Pero, ¿echarlo a un pozo y venderlo a unos mercaderes por unas cuantas monedas?

Los que le hicieron eso fueron sus diez hermanos mayores. Los once hijos compartían el mismo papá, la misma mesa de comedor y los mismos juegos. Se suponía que sus hermanos tendrían que velar por él. A los parientes cercanos de José no les preocupaba el asunto, y el padre estaba muy lejos.

Con todo el respeto que nos merece, el patriarca debió de haberse matriculado en un curso sobre matrimonio y vida familiar. Error número uno: se casó con una mujer a la que no amaba y después con otra que sí amaba. Error número dos: las dos esposas eran hermanas. (Eso fue como tirar una cerilla encendida a un almacén de fuegos artificiales.) La primera de las hermanas le dio hijos; la segunda, no. Así que para expandir el clan, él se acostó con un surtido de criadas y concubinas hasta que se llenó de hijos. Raquel, su esposa favorita, al fin dio a luz a José, que se transformó en el hijo favorito del patriarca. Tiempo después, Raquel murió cuando traía al mundo a su segundo hijo, Benjamín, dejando a Jacob con una familia complicada y un corazón roto.

Y el padre no lo hizo muy bien que se diga porque cuando José alardeaba con sus hermanos en cuanto a que estos se inclinarían ante él, Jacob no decía nada. Cuando supo que sus hijos habían llevado sus rebaños a pastar cerca de Siquem, lugar de conflictos anteriores, ¿hizo algo para corregirlos? No, al contrario, envió a José a que hiciera el trabajo que le correspondía a él.

Hijos obstinados. Papá descuidado. Los hermanos necesitaban un padre. El padre necesitaba que alguien lo llamara al orden. Y José necesitaba un protector. Pero no tenía a nadie que lo protegiera ni se ocupara de él. Por eso fue a dar a una tierra lejana y desconocida.

Inicialmente, José decidió no enfrentarse con su pasado. Pero cuando volvió a ver a sus hermanos, ya había sido primer ministro de Egipto por casi una década. Usaba una cadena de oro con un águila del mismo metal colgándole del cuello. En su mano lucía el sello real. La ensangrentada túnica de colores había sido reemplazada por la toga que lo identificaba como autoridad real. El muchachito de Canaán había llegado lejos.

Si hubiese querido, habría podido viajar a donde se le antojara; pero no pensó en volver a Canaán. ¿Armar un ejército y ajustar cuentas con sus hermanos? Tenía los recursos para hacerlo. ¿Mandar a traer a su padre?

¿O por lo menos mandarle un mensaje? Tal vez contó con unos ocho años para dejar las cosas claras. Sabía dónde encontrar a su familia pero prefirió no buscarlos. Él guardó los secretos de familia en lo secreto. Sin tocarlos ni manosearlos. José estaba contento dejando su pasado en el pasado.

Pero Dios, no. A Dios le interesa la restauración. La sanidad del corazón implica la sanidad del pasado. Así que Dios sacudió las cosas.

«Y de toda la tierra venían a Egipto para comprar de José, porque por toda la tierra había crecido el hambre» (Génesis 41.57). Y de pronto, en la larga fila de gente que había venido a Egipto esperando conseguir algo de alimento, ¿quiénes estaban? «Y descendieron los diez hermanos de José a comprar trigo en Egipto» (42.3).

José supo de ellos antes de verlos. Estaba respondiendo a una pregunta de un siervo cuando escuchó un parloteo con acento hebreo. No solo el lenguaje del corazón, sino el dialecto de su tierra. Le pidió al siervo que le estaba hablando que guardara silencio. Se volvió y miró. Allí estaban ellos.

Los vio con muy poco pelo, llenos de canas, piel áspera. Los encontró pálidos y enflaquecidos, seguramente a causa del hambre. Túnicas sudadas cubrían sus cuerpos y el polvo del camino sus mejillas. Lucían en el sofisticado Egipto como campesinos en Times Square. Cuando les llegó el turno de dirigirse a José para ver si les vendía trigo, no lo reconocieron. Se había afeitado la barba, su túnica real y el idioma que hablaba era el egipcio. Los bordes de los párpados lucían pintados. Una peluca negra lucía en su cabeza como un casco. Jamás se habrían imaginado que estaban frente a su hermano menor.

Pensando que aquel príncipe no entendía su idioma hebreo, le hablaron con movimientos de ojos y gestos con las manos. Le indicaron hacia los depósitos de trigo y luego hacia sus bocas. Y le mostraron al hermano que llevaba el dinero, quien dio un paso al frente y puso las monedas sobre una mesa.

Cuando José vio la plata, sus labios se contrajeron y el estómago le dio cuatro brincos. Le había puesto a su hijo mayor «Dios me hizo olvidar» pero el dinero lo hizo recordar. La última vez que había visto monedas en las manos de los hijos mayores de Jacob, ellos se reían mientras él lloraba. Aquel día en el pozo buscó entre ellos un rostro amigo pero no lo encontró. ¿Y ahora se atrevían a poner esas monedas delante de él?

José dejó que un siervo que hablaba hebreo le tradujera. Luego se dirigió a sus hermanos con el ceño fruncido. «Hizo como que no los conocía, y les habló ásperamente» (v. 7).

Me puedo imaginar el tono con que les habló, como el de un velador nocturno que despierta abruptamente de su siesta de medianoche.

—¿Quiénes son ustedes? ¿De dónde han venido?

Los hermanos cayeron de bruces, rostro al suelo, lo que trajo a la mente de José uno de los sueños de su infancia.

—Uh, bueno, nosotros venimos de la tierra de Canaán. Quizás has oído de ella.

José los miró atentamente.

—No creo. ¡Guardias! Pongan a estos espías bajo arresto. Han venido para infiltrarse en nuestro país.

Los diez hombres hablaron al mismo tiempo.

—Está cometiendo un error, dignísimo señor. Somos sal de la tierra. Pertenecemos a la misma familia. Aquel es Simeón. Este otro es Judá... Buenos, nosotros somos doce. Al menos éramos doce. El menor está ahora con nuestro padre, y uno ya no vive» (v. 13).

José se tragó las palabras. Este era el primer informe sobre su familia que había escuchado en veinte años. Jacob vivía. Benjamín vivía. Y en cuanto a él, sus hermanos creían que había muerto.

—Escúchenme bien —agregó—. Dejaré que uno de ustedes vuelva a su tierra y me traiga a su hermano menor. A los demás, los encerraremos en la cárcel.

Dicho eso, José hizo que les amarraran las manos y con un movimiento de cabeza se los llevaron a la cárcel. Posiblemente, la misma donde él había pasado a lo menos dos años de su vida.

Qué curiosa serie de acontecimientos. Palabras altisonantes, tratamiento con rudeza. La cárcel. La despedida abrupta. Habíamos visto esta secuencia antes con José y sus hermanos como protagonistas, solo que los papeles estaban invertidos. En la primera ocasión, ellos conspiraron contra él. Esta vez, él conspiró contra ellos. Ellos hablaron apasionadamente. Él manejó la situación. Ellos lo echaron al fondo del pozo ignorando sus pedidos de auxilio. Ahora le tocaba a él darles la misma medicina.

¿Qué estaba pasando?

Creo que José estaba tratando de orientarse. Este era, sin duda, el desafío más grande de su vida. La hambruna, en comparación, era manejable. A la señora Potifar la había tratado como se merecía. Las tareas que se le asignaban por parte de Faraón, las podía maniobrar. ¿Pero esta mezcla de dolor y odio que surgió al ver ante él su carne y su sangre? José no sabía qué hacer.

Seguramente tú tampoco.

Tu familia te ha fallado. Tu pasado fue duro. Los que tenían que preocuparse de ti no lo hicieron. Pero, como José, diste lo mejor de ti. Te has hecho a ti mismo. Incluso comenzaste tu propia familia. Te alegras al ver a Canaán a través del espejo retrovisor. Pero Dios no.

Él nos da más de lo que pedimos al ir más al fondo de las cosas. Él quiere no solo todo tu corazón, sino que también lo desea íntegro. ¿Por qué? La gente maltratada, maltrata. Piensa en esto. ¿Qué es lo que te hace perder el control? ¿Por qué evitas los conflictos? ¿Por qué tratas de complacer a todo el mundo? ¿Será que tus tendencias tienen algo que ver con una herida aún abierta en tu corazón? Dios quiere ayudarte con esto.

Y por el bien de tu posteridad. ¿Qué habría pasado si José hubiera rechazado a sus hermanos? ¿Despedirlos sin más trámite? ¿Lavándose las manos de toda esa suciedad? El plan de Dios para la nación de Israel dependía de la compasión de José. Había mucho en juego.

Contigo también hay mucho en juego. Hace algunos años, un querido amigo mío fue llamado a una funeraria para que identificara el cuerpo de su padre, a quien su exesposa le había disparado en medio de la noche. El tiro había sido uno de los tantos estallidos de ira y violencia protagonizados por aquella familia. Mi amigo recuerda haberse parado cerca del cuerpo y hecho una resolución. *Esto se acaba aquí, conmigo.* Y así fue.

Tú puedes hacer la misma decisión. Sí, en la historia de tu familia hay algunos capítulos tristes. Pero tu historia no tiene por qué ser tu futuro. La basura generacional puede detenerse aquí y ahora. Tú no tienes que dar a tus hijos lo que tus ancestros te dieron a ti.

Háblale a Dios sobre los escándalos y las canalladas. Invítale a que reviva la traición que hay en ti. Sácala a la luz. José revivió el dolor por una razón. Sacar a la luz conduce a la sanidad. No ores: *Señor, ayúdame a perdonar a mi padre.* Desentierra los detalles: *Dios, mi papá nunca quiso ser parte de mi vida. Ni siquiera estuvo presente en las celebraciones de mis cumpleaños. Por eso lo odié.*

O: *Todos los días que volvía de la escuela encontraba a mi madre borracha durmiendo en el sofá. Yo tenía que prepararme la comida, atender a mi hermanito menor, hacer mis tareas yo solo. ¡No es justo, Dios!*

Reconozco que no es fácil. Pero permítele a Dios trabajar en esto. Puede que el proceso tome su tiempo. A lo mejor toda la vida. El dolor de familia es el más doloroso porque fue infligido muy temprano y porque están involucradas personas en quienes debimos de haber confiado. Tú eras muy joven para procesar esos maltratos. No sabías cómo defenderte. Además, los que te provocaban ese dolor eran personas grandes: tu papá, tu mamá, un tío, tu hermano mayor. Ellos se encumbraban, en ocasiones en tamaño pero siempre en rango.

Cuando te juzgaban falsamente, tú les creías. Todo este tiempo has estado operando con información equivocada. «Eres un estúpido... un perezoso, tarado como tu padre... gordo como tu madre...». Décadas más tarde esas voces de rechazo siguen resonando en tu subconsciente.

¡Pero no tienen por qué hacerlo! «Dejen que Dios los transforme en personas nuevas al cambiarles la manera de pensar» (Romanos 12.2, NTV). Deja que te reemplace tu forma infantil de pensar con la verdad (1 Corintios 13.11). Tú no eres la persona que ellos decían que eras. Eres un hijo de Dios. Eres su creación. Alguien cuyo destino es el cielo. Eres parte de su familia. Deja que él te guíe por el camino de la reconciliación.

José lo hizo. El proceso sería largo y difícil, como que ocupa dos capítulos de la Biblia y por lo menos un año en el calendario, pero José dio el primer paso. Cauteloso, vacilante pero paso de todas maneras. Después de tres días, dejó en libertad a sus hermanos. Y de nuevo jugó al tipo duro. «¡Váyanse de una vez! ¿A dónde? ¿A Kansas? ¿A Colorado? Ah, ya recuerdo, a Canaán. Retírense. Pero no olviden que quiero ver a su hermano menor, del que me hablaron. Retendré a uno de ustedes en garantía».

Ellos estuvieron de acuerdo y entonces, justo frente a José, revivieron lo que le habían hecho a su hermano. «Y decían el uno al otro: Verdaderamente hemos pecado contra nuestro hermano, pues vimos la angustia de su alma cuando nos rogaba, y no le escuchamos; por eso ha venido sobre nosotros esta angustia» (Génesis 42.21).

De nuevo, ellos no sabían que aquella autoridad ante la que se encontraban entendía el idioma de los hebreos. Por eso, cuando oyó esas palabras, José se volvió para que sus hermanos no vieran las lágrimas que corrían por su rostro. Por unos segundos se mantuvo en silencio, dando tiempo a su garganta y a su voz para que recuperaran el tono que lo hiciera aparecer como el gobernante rudo. Buscó un lugar donde nadie lo viera y lloró. Y lo hizo por siete veces.[2] No lloró cuando fue promovido por Potifar o exaltado por Faraón, pero sollozó como un bebé cuando se dio cuenta de que sus hermanos, después de todo, no lo habían olvidado. Cuando los envió de vuelta a Canaán, llenó sus sacos con grano. Un momento de gracia.

La sanidad comenzó con un acto muy sencillo. Si Dios sanó a aquella familia, ¿por qué no podría sanar la tuya?

CAPÍTULO 11

La venganza parece dulce, sin embargo...

E n 1882, un hombre de negocios de Nueva York llamado Joseph Richardson compró una estrecha franja de tierra en Lexington Avenue que no tenía más de un metro y medio de ancho por menos de treinta y cinco de largo. Otro hombre de negocio, Hyman Sarner, compró un lote de tamaño normal junto al pequeñito de Richardson. Sarner quería construir un edificio de departamentos que diera a la avenida, así que ofreció pagarle a Richardson mil dólares por esa franja de terreno. A Richardson le pareció ofensiva esa suma, así que pidió cinco mil. Sarner se negó, Richardson le dijo que era un tacaño y le cerró la puerta en las narices.

Sarner supuso que el terreno de Richardson quedaría como estaba por lo que le dio instrucciones a su arquitecto para que diseñara el edificio de apartamentos con ventanas mirando hacia la avenida. Cuando Richardson vio el edificio terminado, decidió bloquearle la vista. Nadie iba a disfrutar, gratis, una vista por sobre su terreno.

Así que Richardson, de setenta años, construyó una casa. Un metro y medio de ancho por treinta y cinco de largo y cuatro pisos con dos suites en cada uno. Una vez que el edificio estuvo terminado, él y su esposa se mudaron a una de las suites.

Solo una persona a la vez podía subir las escaleras o circular por los pasillos. La mesa más larga en cualquiera de las suites tenía cuarenta y cinco centímetros de ancho. Las cocinas eran las más pequeñas que se fabricaban. En cierta ocasión un informe de prensa corpulento quedó atascado en el hueco de la escalera y después que dos inquilinos del edificio trataron infructuosamente de liberarlo, él lo logró solo no sin antes tener que quitarse hasta la ropa interior.

Al edificio lo apodaron la «Casa del fastidio». Richardson pasó los últimos catorce años de su vida en aquella estrecha residencia que parecía concordar con su estrechez de mente.[1]

La «Casa del fastidio» fue demolida en 1915, lo cual no deja de ser extraño porque recuerdo claramente haber pasado allí unas cuantas noches. Y algunas semanas, años atrás. Si la memoria no me falla, me parece haberte visto atascado en el hueco de la escalera.

La venganza construye una casa solitaria. Espacio suficiente para una persona. Las vidas de sus inquilinos se ven reducidas a una sola meta: hacer a alguien desdichado. Y lo son. Ellos mismos.

No en vano Dios insiste en que tenemos que tener cuidado con la cizaña de un amargo descontento porque un cardo o dos pueden arruinar un jardín en poco tiempo (ver Hebreos 12.15).

Su sanidad incluye salir de la casa del fastidio, abandonar el mundo agobiante del rencor y salir a espaciosas formas de gracia, lejos de la dureza, hacia el perdón. Él nos hace avanzar al perdonar nuestro pasado.

¿Realmente podrá hacerlo? ¿Este enredijo? ¿Esta historia de abuso sexual? ¿Esta rabia viva hacia mi padre por haber abandonado a mi mamá? ¿Este disgusto enorme que siento cada vez que pienso en aquel que me trataba como una basura? ¿Podrá Dios sanar esta vieja herida en mi corazón?

José hizo las mismas preguntas. Ahí está el recuerdo de los diez hermanos dándole el empujón. Se fueron para nunca volver. Así que les dio a beber de su propia medicina. Cuando los vio en la fila de los que venían a comprar grano no lo pensó dos veces. Los acusó de traición y los mandó a la cárcel. «¡Tomen, granujas!».

¿No resulta conveniente recordar que José era un ser humano? El tipo era tan bueno que le dolía. Había sufrido la esclavitud, triunfado en una tierra extraña, dominado una nueva lengua y resistido la seducción sexual. Era un modelo de preso y el consejero perfecto para el rey. Rasgúñenlo y verán cómo brota sangre santa. Esperamos oírle decir apenas ve a sus hermanos: «Padre, perdónalos porque ellos no sabían lo que hicieron» (ver Lucas 23.34). Pero no dijo eso. Y no lo hizo porque perdonar a esos imbéciles no era fácil. Vamos a alimentar al pobre y aconsejar al rey. Vamos a memorizar el libro de Levítico, si Dios dice que lo hagamos. Pero...

¿«No dejen que el sol se ponga estando aún enojados» (Efesios 4.26, NVI)?

¿«Quítense de vosotros toda amargura, enojo, ira, gritería y maledicencia, y toda malicia» (Efesios 4.31)?

¿«De la manera que Cristo os perdonó, así también hacedlo vosotros» (Colosenses 3.13)?

¿Estás hablando en serio, Dios?

Tengo una amiga que cuando recién había cumplido los seis años, su mamá se fue con un vendedor dejándola al cuidado de un padre amoroso que, sin embargo, no sabía nada de muñecas, vestidos o citas amorosas. No obstante, padre e hija enfrentaron la vida como mejor pudieron. Hace poco, la madre reapareció, como uno de los hermanos de Canaán, la invitó a una taza de café y dijo: «Siento haberte abandonado». La mamá quería entrar de nuevo en el mundo de su hija.

Mi amiga pensó: *¿Ah, sí? Se supone que tengo que perdonarte, ¿verdad?* Parece fácil. ¿No necesitaba esa madre experimentar lo que ella le había hecho a su hija? Unos cuantos años preguntándose si volvería a verla. Algunas noches de insomnio. Un poco de justicia. ¿Cómo reconciliar el dolor de la hija con el mandamiento de Dios de perdonar? ¿No es más apropiado pensar en la venganza?

Claro que lo es. Es más, a Dios le importa más la justicia que a nosotros. Pablo nos amonesta, diciendo: «Nunca devuelvan a nadie mal por mal... nunca tomen venganza. Dejen que se encarguen la justa ira de Dios. Pues dicen las Escrituras [...] Yo les pagaré lo que se merecen» (Romanos 12.17, 19, NTV).

Nuestro temor es que los que hacen mal se deslicen en la noche sin que nadie se dé cuenta y queden sin castigo. Se vayan a las islas Fiji y se dediquen a beber *mai tai* en la playa. No te preocupes. La Escritura dice: «[Dios] les *pagará*», no «Él *podría* pagarles». Dios impartirá justicia en nombre de la verdad y de la imparcialidad. ¿Un caso puntual? Prepárate para el más sorprendente cambio en la historia de José.

Después de tres días, José liberó de la cárcel a todos sus hermanos, menos a uno. Estos volvieron a Canaán para reportarle a Jacob, su padre, una débil sombra del anciano. Los hermanos le contaron que Simeón había quedado en Egipto para asegurarse de que ellos volverían allá con su hermano menor, Benjamín. Jacob no tuvo nada que decir salvo: «Me habéis privado de mis hijos: José no parece, ni Simeón tampoco, y a Benjamín le llevaréis; contra mí son todas estas cosas» (Génesis 42.36).

¡Qué miseria! Jacob había jugado a ser favorito, había rechazado la disciplina, había tenido múltiples mujeres y, al oír del encarcelamiento de su hijo, se sintió morir. ¡No es de extrañarse que la familia estuviera viviendo esas desgracias!

Pero como leemos más adelante, una luz se asomó entre las nubes. Judá, que una vez quiso deshacerse de José, dio ahora un paso al frente. «Envía al joven conmigo, y nos levantaremos e iremos, a fin de que vivamos y no muramos nosotros, y tú, y nuestros niños. Yo te respondo por él; a mí me pedirás cuenta. Si yo no te lo vuelvo a traer, y si no lo pongo delante de ti, seré para ti el culpable para siempre» (43.8–9).

¿Es este el mismo Judá? ¿El mismo que dijo: «Vendámosle a los ismaelitas» (37.27)? ¿El mismo hermano que ayudó a negociar la venta del esclavo?

Bueno, sí... y no.

Judá, a su turno, había tenido su propio descenso al pozo. Después del secuestro de José, tuvo tres hijos. Con el mayor de los tres hizo arreglos para que se casara con una joven de nombre Tamar. Pero el muchacho murió. Siguiendo la tradición protocolar de aquellos días, Judá hizo que su segundo hijo se casara con la viuda. El joven no trató las cosas bien y también murió. Judá, entonces, supuso que Tamar estaba embrujada. Temeroso de que su tercer hijo tuviera la misma suerte, no hizo nada; dejando a Tamar sin marido.

Tiempo después, murió la esposa de Judá. Tamar oyó que Judá iba a ir a la ciudad. Aparentemente no había logrado que este le respondiera sus correos electrónicos, de modo que decidió inventar algo. Se disfrazó de prostituta y se le ofreció a Judá. Judá se tragó el cebo. Le dio su collar, su báculo y se acostó con ella, sin sospechar que estaba teniendo sexo con su nuera. (¡Ah! ¡Cómo ciega la lujuria a los hombres!) Ella concibió. Tres meses después reapareció en la vida de Judá como Tamar. Tamar, *embarazada*. Al saberlo, Judá ordenó que la quemaran por fornicaria. Entonces ella mostró el collar y el báculo, y Judá se dio cuenta de que el bebé era suyo. Había sido pillado en su propio pecado, desacreditado ante su propia familia.

Las cosas tienden a moverse en círculos. Judá, que había engañado a Jacob, fue engañado. Judá, que había atrapado a José, había sido atrapado. Judá, que había participado en la humillación de José, había sido humillado. Dios le dio a Judá su merecido, y Judá se dio cuenta de todo. «Ella ha sido más justa que yo», confesó (38.26).

Por años, me pregunté por qué se había incluido en la historia de José el caso de Judá. Lo interrumpe todo. Apenas hemos empezado en el capítulo 37 con los sueños y drama de José cuando el narrador dedica el capítulo 38 a la historia de Judá el despabilado y Tamar, la «amiguita» de falsa identidad. Dos maridos fallecidos. Una viuda astuta. Una historia extraña mal ubicada, pero ahora veo cómo se vincula.

Por cada cosa buena ocurrida en la familia de Jacob, alguien en el clan tuvo que crecer. Si no el padre, uno de los hermanos tuvo que madurar al punto que tuvo que responsabilizarse de sus actos. Dios activó el cambio en Judá. Le dio a probar de su propia medicina, ¡y esta hizo su trabajo! Judá defendió la causa de la familia. A su padre le pareció sensato lo que había dicho. Él estaba dispuesto a asumir la responsabilidad por el bienestar de Benjamín y si las cosas salían mal. Judá tomó conciencia sin que José tuviera que mover un dedo o mostrar el puño.

La venganza *es* de Dios. Él *pagará*, sea en el día del juicio o en esta vida. ¿El punto de la historia? Dios maneja a todos los judás. Él puede disciplinar a tu jefe abusivo o suavizar a tu pariente colérico. Puede poner a tu ex de rodillas o hacer que despierte a la realidad. El perdón no merma la justicia; lo delega a Dios. Él garantiza la justa retribución. Nosotros damos o mucho o muy poco. Pero el Dios de justicia tiene la medida exacta.

A diferencia de nosotros, Dios nunca abandona a una persona. Nunca. Mucho después que nos hemos ido, él aún permanece allí explorando la conciencia, provocando convicción y siempre orquestando la redención. ¿Ajustar cuentas con tus enemigos? Ese es trabajo de Dios.

¿Perdonar a tus enemigos? Ah, ahí es donde tú y yo nos reunimos. Nosotros perdonamos. «No se ponga el sol sobre vuestro enojo, ni deis lugar al diablo» (Efesios 4.26–27). La palabra traducida como *lugar* es, en griego, *topos*,[2] el mismo término del que sale *topografía*. Y significa territorio o terreno. Interesante. El enojo concede terreno al diablo. Las amarguras y los resentimientos lo invitan a ocupar un espacio en tu corazón, a alquilar un cuarto. Créeme, él se mudará allí y llenará de pestilencia el lugar. Chismes, maledicencia, impaciencia; cada vez que veas eso, Satanás está allí, ocupando su espacio.

Expúlsalo. No le des ni siquiera un día. En el nombre de Jesús, dile que empaque sus cosas y se largue. Comienza el proceso de perdonar. No guardes una lista de las ofensas. Ora por tus antagonistas en lugar de planear algo contra ellos. Odia las ofensas sin odiar a los ofensores. Desvía tu atención de aquello que *te* hicieron y ponla en lo que Jesús hizo *por* ti. Ultrajantes como pudieran parecer, Jesús también murió por ellos. Si él cree que son dignos de perdón, lo son. ¿Hace todo esto que perdonar sea fácil? No. ¿Rápido? Raras veces. ¿Sin sufrimiento? No fue así para José.

Los hermanos volvieron a Egipto desde Canaán, con Benjamín a remolque. José los invitó a cenar. Preguntó por Jacob, se fijó en Benjamín y todo estuvo a punto de venirse abajo. «Dios tenga misericordia de ti, hijo mío», barbulló antes de salir rápidamente del salón para llorar (Génesis 43.29).

Volvió para comer, beber y hacer fiesta con los hermanos. Los sentó de acuerdo con su orden de nacimiento. Y separó a Benjamín para darle un tratamiento especial. Cada vez que los hermanos recibían una porción, la porción de comida de Benjamín era cinco veces mayor. Ellos lo notaron pero no dijeron nada.

José llenó sus sacos con alimento y escondió su copa personal en el saco de Benjamín. Los hermanos apenas habían iniciado el viaje de regreso a Canaán cuando los servidores de José los alcanzaron y detuvieron la caravana. Revisaron los sacos y hallaron la copa. Los hermanos rasgaron sus vestidos (lo que en aquella época equivalía a tirarse de los cabellos) y pronto se encontraron, de nuevo ante José, temiendo por sus vidas.

José no sabía qué hacer. Los había recibido, había llorado, los había invitado a comer y ahora los sometía a un ardid. Era evidente que estaba en guerra consigo mismo. Esos hermanos le habían abierto la herida más honda y profunda. Y él habría preferido que lo ahorcaran antes de dejar que lo hirieran de nuevo. Por otra parte, eran sus hermanos, y él estaría dispuesto a que lo ahorcaran antes que perderlos de nuevo.

Así es de vacilante el perdón. Avanza a trompicones. Días buenos y días malos. Intermitencias de rabia y amor. Misericordia irregular. Avanzamos solo para hacer un giro equivocado. Un paso adelante y una caída atrás. Pero todo eso está bien. Cuando se trata de perdonar, todos somos principiantes. Nadie posee una fórmula secreta. En la medida en que estás tratando de perdonar, estás siendo perdonado. Es cuando ya no lo intentas que entran a tallar las amarguras.

Mantén el rumbo. Vas a pasar menos tiempo en la casa del fastidio y más en la «Casa de la gracia». Y como alguien que ha transitado por los dos pasillos, te puedo garantizar que vas a terminar amando el espacio de gracia.

CAPÍTULO 12

El Príncipe es tu hermano

Nunca has visto una escena como la siguiente. El jugador de básquetbol se para en la línea de tiros libres. Su equipo está perdiendo el partido por un punto. Faltan solo unos segundos para que concluya el juego. Los jugadores de ambos equipos se agazapan para tratar de agarrar el rebote. El que va a lanzar asegura la pelota en sus manos. La multitud enmudece. Las porristas tragan saliva. De nuevo, tú nunca has visto una escena como esta. ¿Cómo puedo estar tan seguro? Porque el basquetbolista que va a lanzar nunca la ha visto tampoco.

Es ciego.

Todos los otros jugadores de su equipo son videntes. Y todos los del otro equipo. Pero Matt Steven, un alumno de la escuela secundaria superior en Upper Darby, Pennsylvania, no veía nada. Su hermano se había ubicado debajo del aro golpeteándolo con una vara. Matt escuchaba, acomodó el balón de nuevo en sus manos y lo alzó para lanzar. Nosotros nos preguntamos por qué se le ocurriría al entrenador poner a un jugador ciego a lanzar desde la línea de tiro libre.

¿Respuesta corta? Porque es el hermano mayor de Matt.

La respuesta larga empezó años antes, cuando Matt nació con dos retinas permanentemente desprendidas. Cuando estaba en el quinto grado perdió la visión de su ojo izquierdo y cuando estaba en el sexto, la de su ojo derecho. Pero aunque no podía ver, su hermano mayor tenía suficiente vista como para los dos. Joe pasó su infancia ayudando a Matt a hacer lo imposible: montar en bicicleta, a patinar y a jugar fútbol *soccer*. Así que cuando Joe comenzó a entrenar aquel equipo de básquetbol, trajo a su hermano menor como capitán del equipo. Matt nunca practica o juega con el equipo, pero con la ayuda de Joe lanza los tiros libres en cada entrenamiento. Mucho después de que el entrenamiento termina, los hermanos se quedan, el menor practicando los tiros libres mientras el mayor golpea con una vara el aro.

Y así es como Matt, en esta competencia, es el designado para lanzar los tiros libres. Joe convenció a los árbitros y a los oponentes para que lo dejaran jugar. Todos pensaron que era una excelente idea. Pero nadie se imaginó que el juego se acabaría después de este tiro.

Hasta aquí, Matt es 0 para 6. El gimnasio permanece en silencio. Joe golpea el aro con la vara. En la gradería, la madre de Matt trata de mantener firme la cámara de video. Matt acaricia la bola. Pausa y lanza. ¡Swish! ¡El juego se empata! La gritería de los espectadores amenaza con hacer volar el techo del gimnasio. Finalmente, se hace el silencio de nuevo y Matt puede oír el clic; la escena nunca más se volverá a repetir. ¡Chasquido número dos! El equipo opositor toma la bola y lanza de un tablero al otro pero falla. El partido se termina y Matt es el héroe. Todos gritan y lanzan hurras mientras Matt, el héroe, trata de avanzar hacia su banca. Adivina quién viene a ayudarle. Acertaste, ¡Joe![1]

Los hermanos mayores pueden hacer toda la diferencia. ¿Hay matones cerca de tu casa? Tu hermano mayor te protegerá. ¿Olvidaste el dinero para comprar tu almuerzo? Tu hermano mayor tiene un dinero extra. ¿Te cuesta mantener el equilibrio arriba de la bicicleta? Él te ayudará para que no te caigas. Llama a tu hermano mayor.

Hermano *mayor*. Más grande que tú. Más fuerte. Más sabio.

Hermano mayor. Toda vez que son familia, tú eres su prioridad. Él tiene un trabajo que hacer: llevarte a través de las cosas. A través del vecindario sin que te pierdas; a través del examen de matemáticas sin que te equivoques; a través del centro comercial sin detenerte. Los hermanos mayores nos llevan a través de los momentos difíciles de la vida.

¿Necesitas uno? Seguramente no estás tratando de encestar en un partido de básquetbol, pero sí de ganarte la vida, ganarte a un amigo o hallarle sentido a los malos momentos por los que estás pasando. ¿Podrías utilizar la protección de un hermano fuerte?

Sin duda que los hijos de Jacob lo necesitaban. Verlos ahí parados frente a José inspiraban lástima. Acusados de haberse robado la copa de plata. Pastores de cabras mudos ante el soberano de una superpotencia.

Nada que ofrecer sino oraciones, nada que pedir sino ayuda. Judá contó su historia. Le habló de su padre, un hombre débil y anciano. Cómo había perecido un hijo y la pérdida de Benjamín, que seguramente terminaría matando a su padre. Incluso ofreció quedarse retenido en lugar de Benjamín, si eso contribuía a salvar a su familia. Estaban en el suelo, de cara al piso, esperando misericordia; sin embargo, recibieron mucho más.

José les dijo a los oficiales y traductores que salieran del salón. Cuando lo hicieron, ya no pudo contenerse más (ver Génesis 45.1). Ocultó su rostro en sus manos y empezó a respirar agitadamente. El llanto que vino luego no fue suave ni apacible. Fueron alaridos que resonaron por todos los rincones del palacio. Gemidos catárticos de un hombre en un momento de profunda sanación. Veintidós años de lágrimas y engaños estaban llegando a su fin. La rabia y el amor se habían batido a duelo. Había ganado el amor.

Y les dio la gran noticia: «Yo soy José; ¿vive aún mi padre?» (v. 3). Once gargantas se atragantaron y veintidós ojos se abrieron del tamaño de un plato. Los hermanos, aún en actitud de genuflexión, no atinaron a moverse. Se miraron unos a otros y solo dijeron: «¿José?». La última imagen que conservaban de su joven hermano era la de un muchacho pálido, asustado y corriendo a saltitos atado a una carreta de mercader rumbo a Egipto. Habían contado las monedas y se habían lavado las manos.

Entonces era un adolescente. ¿Era ahora un príncipe? Lentamente, levantaron la cabeza.

José bajó los brazos. El maquillaje de su rostro era una calamidad. Y su barbilla seguía estremeciéndose. Su voz temblaba cuando dijo: «Por favor, acérquense». Ellos se pusieron en pie. Lentamente. Cautelosamente. «Yo soy José vuestro hermano, el que vendisteis para Egipto» (v. 4).

José les dijo que no tuvieran miedo. «Dios me envió aquí. Dios lo hizo. Dios los está protegiendo a ustedes» (ver v. 7). En lenguaje de hoy: «Hay más en nuestra historia de lo que se ve a simple vista».

Los hermanos aún no estaban seguros de quién era ese hombre. Ese que había llorado por ellos, que los había llamado y que se preocupaba por ellos.

«Vayan por sus familias», les dijo, «y regresen a Egipto». Les prometió proveer para ellos y selló esa promesa con más lágrimas. Abandonó su sillón y se adelantó a abrazar a su hermano menor. «Y se echó sobre el cuello de Benjamín su hermano, y lloró... y besó a todos sus hermanos, y lloró sobre ellos, y después sus hermanos hablaron con él» (vv. 14, 15).

José los fue recibiendo de uno en uno. Judá, el de la idea de venderlo como esclavo. Rubén, el primogénito, que no siempre se comportó como un hermano mayor. Simeón y Leví, que habían actuado con tal violencia en Siquem que su padre los calificó como «instrumentos de crueldad» (49.5).[2] Los que habían atado sus manos y se habían mofado de sus lágrimas. Los besó a todos.

La hostilidad y la ira se derritieron sobre el piso de mármol. José no habló de ello ni sobre ello. Simplemente platicaban. «¿Cómo está papá? Rubén, has ganado peso, ¿eh? Simeón, ¿cómo está tu salud? Leví, ¿te casaste por fin con aquella muchacha de la que te habías enamorado? ¿Tienen hijos? ¿Nietos?».

Cuando Faraón oyó acerca de los hermanos, le dijo a José: «Tu familia es mi familia». Y lo siguiente que hizo José fue darles a sus hermanos ropa nueva y carros nuevos. Ahora eran ciudadanos honorarios de Egipto. Proscritos en un momento. Gente privilegiada al siguiente.

En este punto, los hermanos empezaron a darse cuenta de que no corrían ningún peligro. Seguía habiendo hambre sobre la tierra. Los campos seguían clamando. Las circunstancias seguían siendo hostiles. Pero ellos, finalmente, estaban a salvo. Saldrían adelante. ¿Porque eran hombres buenos? No, porque eran familia. El gobernante era su hermano.

¡Qué regalo! Nosotros sabemos lo que es tener hambre. Como los hermanos de José, nos hemos encontrado en medio de épocas de sequedad. Los recursos se han agotado. Las provisiones se han acabado. La energía ha disminuido. Hemos estado donde los hermanos estaban.

Hemos hecho lo que los hermanos hicieron. Hemos causado dolor a personas a quienes amamos. ¿Los hemos vendido como esclavos? Quizás, no. ¿Pero nos hemos dejado dominar por la cólera? ¿Nos hemos extraviado de nuestras prioridades? ¡Seguro! Como los pastores de Beerseba, hemos ido en busca de ayuda del Príncipe, nuestro Príncipe. Le hemos ofrecido nuestras oraciones y argumentado a favor de nuestros casos. Nos hemos preguntado si tendrá un espacio para gente como nosotros. Todo lo que los hermanos encontraron en la corte de José nosotros lo encontramos en Cristo Jesús. El Príncipe es nuestro hermano.

¿Es este un nuevo pensamiento para ti? Seguramente habías oído describir a Jesús como Rey, Salvador y Señor. Pero, ¿como hermano? Este es un lenguaje bíblico. En cierta ocasión, Jesús estaba hablando a sus seguidores cuando su familia trató de atraer su atención. Su madre y sus hermanos estaban fuera de la casa donde se encontraba él y le mandaron a decir que querían hablarle. Jesús aprovechó la oportunidad para hacer una afirmación y un gesto afectuoso. «Y extendiendo su mano hacia sus discípulos, dijo: He aquí mi madre y mis hermanos. Porque todo aquel que hace la voluntad de mi Padre que está en los cielos, ése es mi hermano, y hermana, y madre» (Mateo 12.49–50).

De haber estado nosotros presentes aquel día, habríamos mirado a la «familia» de Jesús y a lo mejor no nos habría impresionado mucho. Ninguno de sus seguidores pertenecía a la nobleza. Nada de riquezas ni sangre azul. Pedro era un fanfarrón. Juan tenía su temperamento. Mateo tenía su pasado turbulento y sus amigos pintorescos. Como los hijos de Jacob en la corte egipcia, parecían seres superiores y fuera de lugar. Pero Jesús no tuvo ningún problema en llamarlos su familia. Y lo hizo en público. Lo mismo hace con nosotros. «Porque el que santifica y los que son santificados, de uno son todos; por lo cual no se avergüenza de llamarlos hermanos» (Hebreos 2.11).

Jesús redefinió a su familia para incluir a todos los que llegan a él.

El relato de José es un aperitivo del tema principal de la Biblia, la historia de Jesús. ¡Son tantas las similitudes que existen entre los dos hombres! José era el hijo favorito de su padre, Jacob. Jesús era el Hijo amado de Dios (Mateo 3.17). José usaba una túnica de diversos colores. Jesús hizo las obras de muchas maravillas. José dio alimento a las naciones. Jesús alimentó a las multitudes. José preparó a su pueblo para la hambruna que habría de venir. Jesús vino a preparar a su pueblo para la eternidad. Bajo la administración de José, el grano aumentó. En las manos de Jesús, el agua se transformó en el vino más fino, y un canasto de pan llegó a ser la comida de miles. José respondió a una crisis de la naturaleza. Jesús respondió a una crisis tras otra. Hizo que los tifones se calmaran y las ondas del mar se aquietaran. Mandó a los cadáveres levantarse, al cojo danzar y al mundo cantar un himno.

Y la gente lo odió por eso.

A José lo vendieron por veinte piezas de plata. A Jesús por treinta. A José lo acusaron falsamente y lo echaron a la cárcel. Jesús fue condenado sin causa y clavado en una cruz. Los hermanos creyeron que habían presenciado el final de José. Los soldados sellaron la tumba, pensando lo mismo acerca de Jesús. Pero José reapareció como un príncipe. Lo mismo ocurrió con

Jesús. Mientras los que le dieron muerte dormían y sus seguidores se lamentaban, él se levantaba de sobre la losa de la muerte. Se despojó del vestuario de su sepultura y salió al amanecer del domingo de su resurrección.

Dios le dio a Jesús lo que Faraón le dio a José: lo exaltó a la más alta posición. «Lo levantó de los muertos y lo hizo sentar en un trono en el mismo cielo, encargándolo del universo, desde las galaxias a los gobiernos; ni nombre ni poder aparte de su gobierno. Y no solo por un tiempo sino *para siempre*. Él está a cargo de todo, como la palabra final en todas las cosas» (Efesios 1.20–22, traducción libre).

Aquí es donde cesan las similitudes. El reinado y la vida de José finalmente se terminaron. ¿Pero el reinado y la vida de Jesús? El cielo nunca verá un trono vacío. En este preciso momento está ocupado por Jesús. Él crea los patrones del tiempo, redirige los calendarios y recicla las calamidades, todo con el propósito de crear momentos como este en el que, como su familia indigna, podemos oírle decir: «Yo soy Jesús, tu Hermano».

Él llora frente a ti. No lágrimas de vergüenza sino de gozo.

Y te llama: «Vengan a mí todos los que están cansados y llevan cargas pesadas, y yo les daré descanso» (Mateo 11.28, NTV). Treinta centímetros de distancia es mucho. Él nos quiere más cerca que eso. A todos. A nosotros, que lo lanzamos dentro del pozo. A nosotros, que lo vendimos por unas cuantas monedas. A nosotros, que sepultamos todos los recuerdos de nuestros hechos. *Vengan. Vengan. Vengan.*

Él se preocupa por nosotros. José habló a su rey y Jesús habla al nuestro. En él «tenemos un abogado que defiende nuestro caso ante el Padre. Es Jesucristo, el que es verdaderamente justo» (1 Juan 2.1). José les dio a sus hermanos carruajes y ropa. Tu Hermano promete «suplir todo lo que os falta conforme a sus riquezas» (Filipenses 4.19).

Confiemos que él se preocupa de nosotros.

Dios está haciendo en nuestra generación lo que hizo en el antiguo Egipto: redimiendo a un remanente de personas. En su último libro, Dios reitera su visión: «Una gran multitud, la cual nadie podía contar, de todas naciones y tribus y pueblos y lenguas, que estaban delante del trono y en la presencia del Cordero, vestidos de ropas blancas y con palmas en las manos; y clamaban a gran voz, diciendo: La salvación pertenece a nuestro Dios que está sentado en el trono, y al Cordero» (Apocalipsis 7.9–10).

Ese sueño dirige el corazón de Dios. Su propósito desde la eternidad es preparar una familia para que habite el reino de Dios. «Porque yo sé muy bien los *planes* que tengo para ustedes —afirma el Señor— *planes* de bienestar y no de calamidad, *planes* de darles un futuro y una esperanza» (Jeremías 29.11, NIV).[3] Ah, qué hermosa la tres veces repetida palabra *planes*. Dios está planeando para nuestro bien. En todos los contratiempos y resbalones, está ordenando lo mejor para nuestro futuro. Cada cosa que ocurre en nuestros días está diseñada para acercarnos más a él y a nuestro destino.

En la medida que creamos y aceptemos su visión para nuestras vidas podremos seguir adelante. Cuando quieran lanzarnos al foso, nos mantendremos en pie. *Dios puede usar esto para nuestro bien.* Cuando algún miembro de la familia nos traicione, nos pondremos de pie. *Dios va a reciclar este dolor.* ¿Acusados falsamente? ¿Enviados a prisión sin motivo? ¿Abandonados del todo? Podemos tropezar, pero no caer. ¿Por qué? «[Dios] hace todas las cosas según el designio de su voluntad» (Efesios 1.11). *Todas las cosas* significa todas las cosas. Sin excepción. Todas las cosas en tu vida te están llevando a un momento climático en el cual Jesús «reconciliará consigo todas las cosas, así las que están en la tierra como las que están en los cielos, haciendo la paz mediante la sangre de la cruz» (Colosenses 1.20).

En el momento preciso según el tiempo de Dios, tú serás llevado a tu hogar en Canaán. Pero mientras tanto, mantente cerca de tu Hermano.

Después que Matt Stevens convirtió los tiros libres, llegó a ser el héroe de su secundaria. Todos querían estar con él. Las porristas lo buscaban para conversar. Se comenzó a comentar que estaba pensando pedirle a una condiscípula que fuera su compañía en el baile de graduación. Ocurren cosas maravillosas cuando el hermano mayor ayuda.

Tú vas a salir de esto. No porque seas fuerte, sino porque tu Hermano lo es. No porque tú seas bueno, sino porque tu Hermano lo es. No porque tú seas grande, sino porque tu hermano es el Príncipe y él tiene un lugar preparado para ti.

CAPÍTULO 13

Adiós a los adioses

John Glenn sabe cómo volar un jet de combate. En la Segunda Guerra Mundial completó cincuenta y nueve misiones y noventa en la Guerra de Corea. Él sabe cómo volar rápido. Fue el primer piloto en promediar la velocidad supersónica en un vuelo transcontinental. Sabe cómo volar al espacio exterior. En 1962 se convirtió en el primer estadounidense en orbitar la tierra.[1] John Glenn sabe cómo ganar elecciones. Fue senador de Estados Unidos desde 1974 a 1999.

John Glenn puede hacer mucho. Pronuncia discursos, dirige comités, inspira audiencias y escribe libros. Pero de todas esas cualidades, hay una habilidad que nunca pudo dominar. Nunca aprendió a decirle adiós a su esposa.

Se conocieron cuando eran niños aprendiendo a caminar y crecieron juntos en New Concord, Ohio. Aunque John alcanzó fama nacional, él te diría que el verdadero héroe de la familia es la joven con la que se casó en 1943.

Annie sufrió de un tartamudeo tan severo que el ochenta y cinco por ciento de sus esfuerzos por hablar resultaban infructuosos. No podía hablar por teléfono, ordenar alguna comida a un restaurante o dar instrucciones verbales a un taxista. La idea de pedir ayuda en una tienda por departamentos la aterrorizaba. Solía vagar por los pasillos, renuente a hablar. Su temor era que su familia tuviera una crisis ya que ella no sabía si podría llamar al 911.

De ahí la dificultad para decir *adiós*. John no podía soportar la idea de tener que separarse; por eso, desarrollaron un código. Cada vez que le asignaban a una misión o a viajar, se despedían siempre de la misma manera: «Voy a la tienda de la esquina a comprar unas gomas de mascar», le decía él. Y fuera que tuviera que ir a Japón, Corea o al espacio exterior, ella le contestaba: «No te tardes mucho».

Con el paso de los años, la capacidad de hablar de Annie mejoró. Terapias intensas clarificaron su habilidad para articular y mejoró su confianza. Pese a eso, la palabra *adiós* siguió siendo la única que los esposos no se podían decir. En 1998, el senador Glenn llegó a ser el astronauta de mayor edad en la historia. Regresó al espacio a bordo del transbordador *Discovery*. Al momento de salir, le dijo a su esposa: «Voy a la tienda de la esquina a comprar unas gomas de mascar». Esta vez, sin embargo, le hizo un regalo: un paquete de gomas de mascar. Ella lo guardó en un bolsillo cerca de su corazón hasta que él estuviera de vuelta en casa.[2]

Adiós. Nadie quiere pronunciar esa palabra. Ni la esposa de un astronauta. Ni la mamá de un niño candidato a ser preescolar. Ni el padre de la novia. Ni el esposo en la clínica de reposo. Ni la esposa en la funeraria.

Principalmente ella. La muerte es el adiós más difícil de todos. Escribo esto mientras recuerdo muy recientes adioses. Nuestra iglesia ha tenido cinco servicios fúnebres en los últimos siete días, desde un memorial para un bebé hasta la sepultura de un viejo amigo de noventa y cuatro años. El dolor hizo mella en mí. Me sentía abatido, triste; de modo que me encontré regañándome a mí mismo. *Vamos, Max. Sobreponte. La muerte es una parte natural de la vida.*

En seguida me autocorregí. *No es verdad*. Nacer lo es. Respirar lo es. Reír, abrazar y besos a la hora de ir a la cama lo son. Pero, ¿muerte? No fuimos hechos para decir adiós. El plan original de Dios no tenía despedidas: nada de última exhalación o último latido del corazón.

La muerte es el intruso, la figura boceteada en madera en el Louvre. No encaja. ¿Por qué Dios habría de dar un compañero de pesca para luego llevárselo? ¿Llenar una cuna y luego vaciarla? No importa cómo lo pongas, el *adiós* no tiene sentido.

Jacob y José vivieron bajo la sombra del *adiós*. Cuando los hermanos mintieron sobre la muerte de José, le dieron a Jacob una túnica ensangrentada. Por implicación sugirieron que un animal salvaje se había llevado el cuerpo. Jacob cayó rendido por la tristeza. «Entonces Jacob rasgó sus vestidos, y puso cilicio sobre sus lomos, y guardó luto por su hijo por muchos días» (Génesis 37.34).

Jacob lloró hasta que las lágrimas se le agotaron, hasta que su alma quedó exhausta. Las dos personas a las que más amaba se habían ido. Raquel muerta. José muerto. Jacob, daba la impresión, también muerto. «Y se levantaron todos sus hijos y todas sus hijas para consolarlo; mas él no quiso recibir consuelo, y dijo: Descenderé enlutado a mi hijo hasta el Seol. Y lo lloró su padre» (v. 35).

José vivió con la misma tristeza. Habían pasado dos décadas. Ni una noticia de su familia. Cumpleaños, festividades, tiempos de cosecha. Jacob nunca se alejó de sus pensamientos.

En el momento que reveló su identidad a sus hermanos, preguntó: «Yo soy José; ¿vive aún mi padre?» (45.3).

Pregunta número uno: «¿Cómo está papá?». Prioridad número uno: reunir a la familia. José les dijo a sus hermanos que ensillaran, se fueran y volvieran con toda la familia.

Así que los hijos de Jacob hicieron lo que se les dijo. José les proporcionó carros tal como el faraón había ordenado, y les dio provisiones para el viaje. A cada uno le dio ropa nueva, pero a Benjamín le dio cinco mudas de ropa y trescientas monedas de plata. También envió a su padre diez burros cargados con los mejores productos de Egipto, y diez burras cargadas con grano, pan y otras provisiones que necesitarían para el viaje. Entonces José despidió a sus hermanos y, cuando se iban, les dijo: «¡No se peleen por todo esto en el camino!». Y ellos salieron de Egipto y regresaron donde vivía su padre Jacob, en la tierra de Canaán. (vv. 21–25 NTV)

Los hijos de Jacob regresaron a Canaán a la moda. Atrás habían quedado las túnicas raídas y los burros extenuados. Ahora manejaban vehículos cero kilómetro cargados con regalos. Vestían chaquetas de cuero y botas de piel de cocodrilo. Sus esposas y sus hijos los vieron llegar cuando aún estaban lejos. «¡Ya llegaron! ¡Ya llegaron!». Abrazos y palmadas en las espaldas.

Jacob salió de su tienda. Mechones de pelo encanecido le caían sobre los hombros. Espalda encorvada. Rostro curtido como cuero crudo. Entrecerró sus ojos para ver bajo el fuerte brillo del sol a sus hijos y todo lo que traían. Estaba a punto de preguntarles dónde se habían robado todo aquello, cuando uno de ellos le habló de manera abrupta: «José vive aún; y él es señor en toda la tierra de Egipto. Y el corazón de Jacob se afligió porque no les creía» (v. 26).

El viejo Jacob se llevó las manos al pecho. Tuvo que sentarse. Lea le trajo agua y dirigió una mirada furiosa a sus hijos como diciéndoles que era mejor no burlarse de su padre. Pero no se trataba de ninguna broma de mal gusto. «Y ellos le contaron todas las palabras de José, que él les había hablado; y viendo Jacob los carros que José enviaba para llevarlo, su espíritu revivió» (v. 27).

La tristeza había extraído las últimas gotas de gozo de Jacob. Pero cuando los hijos le dijeron lo que José había dicho, cómo había preguntado por su padre, cómo los había invitado a irse a Egipto, el espíritu de Jacob revivió. Volvió a mirar los carros, a fijarse en la ropa y en las expresiones del rostro de sus hijos y por primera vez en veinte años, el viejo patriarca empezó a creer que volvería a ver a su hijo.

Sus ojos empezaron a destellar y sus hombros se enderezaron. «Entonces dijo Israel: Basta; José, mi hijo, vive todavía; iré, y le veré antes que yo muera» (v. 28). Sí, el narrador llama a Jacob por su otro nombre (ver Génesis 32.28). La promesa de una reunión familiar puede hacer eso. Nos cambia. De tristeza a búsqueda. De soledad a anhelo. De ermitaño a peregrino. De Jacob (el talón ambicioso) a Israel (príncipe de Dios).

«Salió Israel con todo lo que tenía, y vino a Beerseba, y ofreció sacrificios al Dios de su padre Isaac» (46.1). A estas alturas, Jacob ya tenía 130 años. Como quien dice, no era un pollo de primavera. Tenía un impedimento al andar y dolor en las articulaciones. Pero nada le impediría ver a su hijo. Tomó su bastón y ordenó: «¡Carguen todo! Nos vamos a Egipto».

Aquí, el texto ofrece una panorámica ampliada como si se tratara de una visión aérea de todo el clan en su migración. En virtud de un censo, el narrador menciona a cada miembro de la familia por nombre. Los hijos, las esposas, los niños. Se los incluye a todos. Todo el grupo, formado por setenta personas, inicia el viaje.

¡Y qué viaje! Pirámides. Palacios. Granjas de regadío. Silos. Nunca habían visto tales cosas. Y entonces, el momento por el que habían estado esperando: en el horizonte apareció una caravana de carros reales, caballos y la guardia imperial.

Cuando el séquito se aproximaba, Jacob se inclinó hacia delante para ver mejor al hombre que venía en el carro del centro. Cuando vio su rostro, exclamó: «¡José, hijo mío!».

Aun a la distancia, José también se inclinó hacia delante en su carro. Le dio órdenes al que conducía que apurara al caballo. Cuando los dos grupos se encontraron en la planicie, el príncipe no dudó ni un instante. Saltó fuera de su carro y corrió en dirección a su padre. «Y lloró sobre su hombro un largo rato» (v. 29).

¡Fuera formalidades! Olvídense del protocolo. José enterró su rostro en el arco del hombro de su padre. «Y lloró largamente» (v. 29). Mientras las lágrimas humedecían la túnica de su padre, ambos resolvieron que nunca más volverían a decirse adiós.

Adiós. Para algunos de ustedes esta palabra es el desafío de su vida. Pasar por esto es pasar por tiempos de furiosa soledad, de pena que drena la fortaleza. Duermes solo en una cama para dos. Te mueves por tu casa en medio de un aplastante silencio. Te sorprendes pronunciando su nombre o tratando de cogerle la mano. Como con Jacob, la separación ha agotado tu espíritu. Te sientes aislado como si estuvieras en cuarentena. El resto del mundo sigue adelante; tú anhelas hacer lo mismo. Pero no puedes; no puedes decir adiós.

Si no puedes, no te desanimes. Dios ya lo sabe. Todas las despedidas están en el reloj. Se filtran como pequeños granos a través de un reloj de arena. Si el salón del trono tuviera un calendario, un día estaría con un círculo rojo y destacado con un marcador amarillo. Dios ha decretado una reunión familiar.

> El Señor mismo dará la orden. ¡Los arcángeles atronarán! Él descenderá del cielo y los muertos en Cristo resucitarán; ellos irán primero. Luego, el resto de nosotros que todavía estemos vivos en ese tiempo, seremos tomados con ellos en las nubes para reunirnos con el Señor. ¡Oh, estaremos caminando en el aire! Y entonces habrá una gran reunión familiar con el Señor. Por tanto, consuélense unos con otros con estas palabras. (1 Tesalonicenses 4.16–18, traducción libre)

Ese no será un día cualquiera. Será el Gran Día. El arcángel lo inaugurará con un toque de trompeta. Miles y miles de ángeles aparecerán en el cielo (Judas 14–15). Los cementerios y el mar entregarán sus muertos. «Cristo... aparecerá una segunda vez, no para lidiar con el pecado sino para salvar a quienes ansiosamente lo han estado esperando» (Hebreos 9.28).

Su venida será el único acontecimiento observado por toda la humanidad. «Todo ojo le verá» (Apocalipsis 1.7). Moisés estará observando. Napoleón volteará la cabeza. Los ojos de Martín Lutero y de Cristóbal Colón se agrandarán. Los malvados déspotas del hades. Los mártires con sus túnicas blancas del paraíso. Desde Adán hasta el bebé nacido al estruendo de la trompeta, todos serán testigos de ese momento.

No todos, sin embargo, van a querer vivir ese instante. «Personas no preparadas por todo el mundo... darán expresión a un profundo lamento al ver al Hijo del hombre resplandeciente en los cielos» (Mateo 24.30, versión del autor).

Así como el libro de Génesis enumera a los miembros de la familia de Jacob, el Libro de la Vida hará lo mismo con la familia de Dios. Él pronunciará el nombre de cada uno de los que aceptaron su invitación.

Y respetará la decisión de aquellos que lo rechazaron y los desechará por la eternidad. Luego bendecirá el deseo de aquellos que lo aceptaron y los concentrará para una reunión familiar.

¡Qué gran reunión será! «Enjugará Dios toda lágrima de los ojos de ellos» (Apocalipsis 21.4). Su primera acción será pasar el pulgar por las mejillas de cada hijo como si dijera: «A ver... a ver... no más lágrimas». Este largo recorrido finalmente terminará. Y tú lo podrás ver.

Y los verás a *ellos*. ¿No es esta nuestra esperanza? «Allí habrá una gran reunión familiar con el Maestro. Por tanto, aliéntense unos a otros con estas palabras» (1 Tesalonicenses 4.17–18).

Steven Curtis Chapman y su esposa, Mary Beth, están apostando a esta promesa. En mayo de 2008 su hermosa hija de cinco años de edad murió en un accidente automovilístico. Como Steven es un cantante cristiano conocido internacionalmente, le llegaron mensajes de apoyo y consuelo desde todos los puntos del globo. Cartas, correos electrónicos, llamadas telefónicas. Los Chapman estaban inundados por mensajes de bondad. Una conversación en particular dio fuerzas a Steven. El pastor

Greg Laurie, que había perdido a un hijo en un accidente, le dijo: «Recuerda, tu futuro con María es infinitamente más grande que tu pasado con ella».[3]

La muerte parece llevarse demasiado. Sepultamos no solo un cuerpo, sino el matrimonio que nunca se efectuó, los años dorados que nunca conocimos. Sepultamos sueños. Pero en el cielo esos sueños se harán realidad. Dios ha prometido «la restauración de todas las cosas» (ver Hechos 3.21). «Todas las cosas» incluye todas las relaciones.

Colton Burpo tenía solo cuatro años cuando sobrevivió a una apendicectomía. Sus padres estaban felices con su recuperación. Pero estaban asombrados por las historias que el niño contaba. En los meses que siguieron Colton habló de su visita al cielo. Describió exactamente lo que sus padres estaban haciendo durante la cirugía a la que fue sometido y contó de personas a las que había encontrado en el cielo, a las que jamás había visto en la tierra y acerca de quienes ni siquiera había oído hablar. En el libro *El cielo es real*, el padre de Colton habla del momento cuando ese niño de cuatro años le dijo a su mamá: «En tu barriga murió un bebé, ¿no?».

Los padres nunca le habían mencionado al niño esa pérdida. Él era demasiado pequeño como para que procesara esa información. La madre se emocionó visiblemente.

—¿Quién te contó que murió un bebé en mi barriga? —le preguntó Sonja en tono serio.

—Ella me lo dijo. Me dijo que había muerto en tu barriga. [...]

Un poco nervioso, Colton rodeó el sofá lentamente una vez más y volvió a pararse frente a su madre. Estaba un poco más receloso.

—Está bien, mami —le dijo— . Ella se encuentra bien. Dios la adoptó.

Sonja se dejó caer del sofá y se arrodilló frente a Colton de manera que sus ojos quedaran a la misma altura.

—¿Quieres decir que Jesús la adoptó?

—No, mami. ¡Su papá lo hizo! [...]

Los ojos de Sonja se iluminaron y preguntó:

—¿Cómo se llama? ¿Cuál es su nombre? [...]

—No tiene nombre. Ustedes no le pusieron un nombre.

Los padres estaban impresionados. No había manera en que Colton hubiera podido saber esas cosas.

Pero él tenía un recuerdo más. Y lo dijo antes de irse a jugar.

—Sí, dijo que está ansiosa porque tú y papi vayan al cielo.[4]

Alguien en el cielo está diciendo lo mismo en cuanto a ti. ¿Tu abuelo? ¿Una tía? ¿Tu hijo? Ellos anhelan el día cuando la familia de Dios vuelva a estar junta. ¿No deberíamos nosotros hacer lo mismo? «Por tanto, nosotros también, teniendo en derredor nuestro tan grande nube de testigos... corramos con paciencia la carrera que tenemos por delante» (Hebreos 12.1). Muy arriba de nosotros hay una nube de testigos. Ellos son los Abraham, los Jacob, los José de todas las generaciones y de todas las naciones. Ellos han completado sus tareas y ahora observan la carrera de sus descendientes espirituales, si no físicos. *Escucha bien*, insta el pasaje. Y *vas a oír a una multitud de los hijos de Dios animándote a seguir.* «¡Corre!», gritan. «¡Corre! ¡Que tú saldrás de esta!».

En el hogar final no habrá *adioses*. Hablaremos del Buen Libro y recordaremos la buena fe, pero ¿*adiós*? Habrá desaparecido para siempre.

Deja que la promesa te cambie. De débil a fuerte, de triste a confiado. De habitante de una tierra de adioses a ciudadano de un cielo de holas. El Príncipe ha decretado un regreso a casa. Vamos a agarrar nuestro testigo y salir en esa dirección.

CAPÍTULO 14

Mantén la calma y sigue adelante

«¿Ves ese hueco en el horizonte?».

Me eché hacia adelante y seguí la trayectoria que indicaba el dedo del taxista. Era un tipo corpulento llamado Frank. Con un cuello demasiado grande para el tamaño de su camisa y manos demasiado voluminosas para agarrar el volante. Mostraba a través del parabrisas el bosque de edificios conocido como el Bajo Manhattan.

«Las torres estaban allí».

Fácilmente se dio cuenta de que a mí me costaba ubicar con la vista dónde indicaba.

«¿Ve el hueco a la izquierda de aquel que tiene el espiral? Tres días atrás eso era el Centro de Comercio Mundial. Yo las admiraba cada vez que pasaba por el puente. Era algo hermoso. La primera mañana que entré a la ciudad y no vi las torres, llamé a mi esposa y lloré».

Para llegar al epicentro de la actividad, teníamos que manejar a través de capas de inactividad. Ambulancias vacías se alineaban en el camino. Seres queridos mezclados afuera del Centro de Atención a la Familia, donde se encontraba atracado el USNS *Comfort*, un barco hospital. Todos esperaban. Pero cada segundo que pasaba se llevaba un grano de esperanza.

Tres puestos de control más adelante, estacionamos y la última media milla la hicimos caminando. Una semana antes esa vía había estado llena de trajes finos, teléfonos celulares y datos del mercado bursátil. Pero ahora, esa vereda estaba muda y el aire pesado por el humo. Decidí no pensar en lo que estaba inhalando.

No esperaba ver fuego, pero a pesar de la lluvia y los camiones cargados de agua, las llamas seguían danzando al ritmo del viento que soplaba. Los edificios vecinos estaban devastados. Era raro ver ventanas intactas. El hotel Marriott había sido destruido por el impacto de la cabina de un jet. Cualquier otro día habría podido ser la portada de una revista.

Pero lo que yo no esperaba era el entumecimiento. Ni de ellos ni mío. Un flanco de bomberos con sus trajes amarillos, serían unos doce, pasaron delante de nosotros. El mismo número caminó hacia donde estábamos nosotros. Cambio de guardia. Los que llegaban lucían ceñudos. Los que se iban, aun más. Sus rostros tan férreos como las vigas que habían sepultado a sus compañeros.

Mi respuesta no fue diferente. Ni una lágrima. Nada de nudos en la garganta. Solo entumecimiento. *Varios miles de personas yacen bajo esos escombros*, me dije. Y me quedé allí, mirando. La tragedia había hablado en un idioma que nunca estudié. Yo casi esperaba —es más, casi quería— oír a alguien gritar: «¡Silencio en el escenario!», y ver a los actores saliendo de las ruinas. Pero las grúas no cargaban cámaras, solo concreto.

Tarde esa noche hablé con un oficial que estaba de guardia a la entrada del Centro de Atención a la Familia. Se encontraba junto a la pared de madera laminada con fotos diversas en que los familiares habían clavado fotos y esperanzas. Le pedí que me describiera las expresiones en los rostros de la gente que había venido a mirar las fotos.

—Vacíos —me dijo—. Vacíos.

—¿No lloraban?

—¡No! No lloraban.

—Y usted, ¿ha llorado?

—Hasta ahora, no. Me he aguantado.

Para muchos, la droga preferida era la incredulidad.

Lo entendemos. Las calamidades pueden dejarnos desequilibrados y confundidos.

Considera la crisis en la generación de José. «No había pan en toda la tierra, y el hambre era muy grave, por lo que desfalleció de hambre la tierra de Egipto y la tierra de Canaán» (Génesis 47.13).

Durante el tiempo en que José luchaba por reconciliarse con sus hermanos, también estaba viviendo una catástrofe. Habían pasado dos años desde el día que cayó la última gota de lluvia. El cielo estaba interminablemente azul. El sol, implacablemente caliente. Los cuerpos de animales muertos cubrían la tierra y no había ningún vestigio de cambio en el horizonte. La tierra era un gran cuenco de polvo. Ausencia de lluvia significa cero agricultura. Y no agricultura significa no alimento. Cuando el pueblo apeló a Faraón por ayuda, él dijo: «Vayan a ver a José y hagan lo que él les diga» (41.55, NVI).

José enfrentó una calamidad a escala global.

Contrasta la descripción del problema con el resultado. Los años pasaron y el pueblo le dijo a José: «La vida nos has dado; hallemos gracia en ojos de nuestro señor, y seamos siervos de Faraón» (47.25).

El pueblo conservó la calma. Una sociedad que estaba madura ante situaciones como esa tenía que estar agradecida a sus gobernantes en lugar de volverse contra ellos. Que alguien se pregunte si alguna vez José enseñó un curso sobre crisis administrativa. Si lo hizo, tiene que haber incluido las palabras que les dijo a sus hermanos: «Para preservación de vida me envió Dios delante de vosotros. Pues ya ha habido dos años de hambre en medio de la tierra, y aun quedan cinco años en los cuales ni habrá arada ni siega. Y Dios me envió delante de vosotros» (45.5–7).

José comenzó y finalizó su evaluación de la crisis con referencias a Dios. Dios precedió al hambre. Dios sobreviviría a la hambruna. Dios estaba por sobre todas las hambrunas. «Dios... hambruna... Dios».

¿Cómo describirías tu crisis?

«La economía... la economía... la economía... la economía».

«Divorcio... divorcio... divorcio... divorcio».

«Cónyuge irritable... cónyuge irritable... cónyuge irritable».

¿Recitas tus lamentos con más naturalidad que con las fuerzas del cielo? Si es así, no te extrañe que la vida te sea dura. Estarías asumiendo que Dios no está en esta crisis.

Pero está. Aun la hambruna fue un juego justo para los propósitos de Dios.

Hace poco disfruté un desayuno con un amigo. Casi toda nuestra conversación giró en torno a la salud de su hijo de catorce años a quien siete años atrás le detectaron un tumor detrás del bazo. El descubrimiento condujo a varios meses de extenuante oración y quimioterapia. El muchacho se recuperó. Ahora forma parte del equipo de fútbol del colegio donde estudia. La clínica del cáncer es un recuerdo distante.

El descubrimiento del tumor fue la parte de la historia que encontré fascinante. Cuando el chico tenía siete años, estaba jugando con sus primos. Uno de ellos, accidentalmente, lo golpeó en el estómago. Un fuerte dolor lo condujo a hacer una visita al hospital. Allí le prescribieron una serie de exámenes. Estos llevaron al cirujano a descubrir y extraer el tumor. Después que el cáncer fue extirpado, el padre preguntó al médico cuánto tiempo había estado el tumor allí. Aunque no era posible saberlo con certeza, la forma y el tamaño del tumor sugería que no más de dos o tres días.

«Por lo que veo», le dije, «Dios usó ese golpe en el estómago para someter al muchacho a un tratamiento».

Luego, está la historia de Isabel. Ella pasó los primeros tres años y medio de su vida en un orfanatorio de Nicaragua. Ni madre, ni padre. Ni esperanza de uno o de los dos. Como ocurre con los huérfanos, las posibilidades de adopción disminuyen a medida que pasa el tiempo. Cada mes que transcurría hacía que las posibilidades de que Isabel fuera puesta en una familia disminuían.

Un día, se oprimió un dedo en una puerta. Andaba persiguiendo a otros niños en el patio de juegos cuando una puerta de malla le atrapó un dedo. El dolor le subió por el brazo y su grito se oyó en todo el patio. Pregunta: ¿por qué Dios permitió que eso sucediera? ¿Por qué un Dios benevolente y omnipotente habría de permitir que una niña inocente, con tanta desgracia encima, experimentara ese dolor adicional? ¿Sería para llamar la atención de Ryan Schnoke, aspirante al título de padre, que estaba sentado cerca de allí? Él y su esposa Cristina, habían estado tratando por meses de adoptar a un niño. En ese momento, allí no había nadie más que ellos para auxiliar a Isabel, así que Ryan corrió hasta donde estaba la niña, la alzó y la auxilió.

Varios meses después, cuando Ryan y Cristina estaban por rendirse, Ryan se acordó de Isabel y decidió hacer un último intento. Esa vez, la adopción se produjo. Ahora, la pequeña Isabel está creciendo en un hogar feliz y saludable.

¿Un golpe en el estómago?

¿Un dedo en la puerta?

Dios no fabrica el dolor, lo que hace es utilizarlo. «Dios a su debido tiempo hará que se cumpla» (1 Timoteo 6.15). «Mis caminos están más altos que sus caminos» (Isaías 55.9, NTV). «¡Cuán insondables son sus juicios e inescrutables sus caminos!» (Romanos 11.33). No siempre podemos ver lo que Dios está haciendo, pero ¿no podemos asumir que está haciendo algo bueno? José lo hizo. Asumió que Dios estaba en la crisis.

Entonces, la enfrentó con un plan. Hizo acopio de grano durante los años buenos y lo redistribuyó en los malos. Cuando las gentes llegaron en busca de alimento, les dio a cambio de dinero, ganado y propiedades. Después que hubo estabilizado la economía, dio a la gente una lección de administración del dinero. «Den un quinto a Faraón y lo demás úsenlo para sembrar y para comida» (ver Génesis 47.24, paráfrasis del autor).

El plan podía escribirse en una tarjeta: «Acumular durante siete años. Distribuir durante siete años. Administrar cuidadosamente». ¿Podría haber algo más sencillo que eso?

¿Podría haber algo más aburrido?

Algunas extravagancias no habrían estado mal, ¿verdad? Un pequeño atisbo a la apertura del Mar Rojo, la caída de las murallas de Jericó, o Lázaro resucitado y caminando. ¿Demanda una crisis dramática una respuesta dramática? No siempre.

Nosotros equiparamos espiritualidad con dramatismo. Pablo resucitando muertos, Pedro sanando a enfermos. Pero por cada Pablo y por cada Pedro, hay una docena de Josés. Hombres y mujeres bendecidos con habilidades administrativas. Manos dispuestas a través de las que Dios salva personas. José nunca resucitó muertos, pero evitó que la gente muriera. Nunca sanó enfermos, pero evitó que las enfermedades se propagaran. Hizo un plan y se atuvo a él. Y por haberlo hecho así, la nación sobrevivió. Alcanzó el triunfo con un plan tranquilo y metódico.

En los días previos a la guerra con Alemania, el gobierno británico encargó una serie de carteles. La idea era poner en papel consignas motivadoras y distribuirlas por el país. Se usaron letras mayúsculas con una tipografía llamativa en un formato sencillo de dos colores. La única ilustración era la corona del Rey Jorge VI.

El primer cartel se distribuyó en septiembre de 1939:

TU VALOR

TU ALEGRÍA

TU DETERMINACIÓN

NOS DARÁ LA VICTORIA.

Poco después se produjo un segundo cartel:

LA LIBERTAD ESTÁ

EN PELIGRO

DEFIÉNDELA

CON TODA

TU FUERZA

Estos dos carteles aparecieron por toda Gran Bretaña. En las estaciones del ferrocarril, en bares, en tiendas y restaurantes. Estaban por todas partes. Se creó un tercer cartel pero no llegó a utilizarse. De este se imprimieron dos millones y medio de copias pero no se conocieron, sino hasta cerca de sesenta años después, cuando el dueño de una librería en el noreste de Inglaterra descubrió uno en una caja con libros viejos que había adquirido en una subasta. Decía:

MANTÉN

LA CALMA

Y SIGUE

ADELANTE

Este cartel tenía la misma corona y estilo de los dos primeros. Sin embargo, nunca se hizo público, sino que se mantuvo en reserva por la posibilidad de una crisis extrema, como una invasión alemana. El librero lo enmarcó y lo colgó en la pared. Llegó a ser tan popular que la librería empezó a reproducir imágenes idénticas del diseño original en jarras para café, en tarjetas postales y en afiches. Todo el mundo parecía apreciar la recomendación de una generación anterior en cuanto a mantener la calma y seguir adelante.[1]

De todos los héroes de la Biblia, José pareciera ser el más indicado para tener una copia colgando en la pared de su oficina. Él vivió dentro del mundo de los libros, los flujogramas, los informes de fin de año, las tabulaciones y los cálculos. Día tras día. Mes tras mes. Año tras año. Mantuvo la cabeza fría y no desmayó.

Tú puedes hacer lo mismo. No es posible que controles el clima. No tienes a tu cargo la economía. No puedes cancelar un tsunami o la colisión de un automóvil, pero sí puedes elaborar una estrategia. Recuerda, Dios está en esta crisis. Pídele que te dé un plan del tamaño de una tarjeta y dos o tres pasos que puedas dar hoy.

Busca el consejo de alguien que se haya visto enfrentado a desafíos similares. Pídeles a tus amigos que oren. Busca recursos. Contacta un grupo de apoyo. Y, lo más importante, trázate un plan.

Jim Collins, especialista en administración tiene aquí unas palabras muy pertinentes. Él y Morten T. Hansen estudiaron liderazgo en tiempos turbulentos. Analizaron a más de veinte mil compañías buscando información que les permitiera dar con la respuesta a esta pregunta: ¿por qué, en tiempos de incertidumbre, algunas compañías crecen y otras no? Llegaron a la conclusión de que los «líderes exitosos no son más creativos. No son más visionarios. No son más carismáticos. No son más ambiciosos. No son más favorecidos por la buena suerte. No son más atrevidos. No son más heroicos. Ni son más proclives a hacer grandes movimientos». Entonces, ¿qué es lo que los distingue de los demás? «Todos ellos dirigen a su personal con un sorprendente método de autocontrol en un mundo fuera de control».[2]

Al final de cuentas, no son los ostentosos y llamativos los que sobreviven, sino los de manos firmes y mentes sobrias. Gente como Roald Amundsen. En 1911, encabezó el equipo noruego en una carrera al Polo Sur. Robert Scott dirigió al equipo de Inglaterra. Las dos expediciones enfrentaron idénticos desafíos y terrenos. Soportaron las mismas gélidas temperaturas y ambientes inflexibles. Tuvieron el mismo acceso a la tecnología y equipo de aquellos días. Y Amundsen y su equipo llegaron al Polo Sur treinta y cuatro días antes que el de Scott. ¿Qué había hecho la diferencia?

Planeamiento. Amundsen era un estratega infatigable. Su estrategia era avanzar entre veintitrés y treinta kilómetros por día. ¿Con buen tiempo?

Veintitrés y treinta kilómetros. ¿Con mal tiempo? Veintitrés y treinta kilómetros. No más. No menos. Siempre entre veintitrés y treinta kilómetros.

Scott, en cambio, era irregular. Con buen tiempo, presionaba a su gente hasta el agotamiento; con mal tiempo, se detenían. Los dos hombres tenían filosofías diferentes y, en consecuencia, alcanzaron resultados diferentes. Amundsen ganó la carrera sin perder a un solo hombre. Scott no solo perdió la carrera, sino también la vida y las vidas de todos los miembros de su equipo.[3]

Todo por no tener un plan.

¿Preferirías tú un milagro para tu crisis? ¿Preferirías ver el pan multiplicado o el mar tormentoso recuperar la calma con solo un chasquear de dedos? Dios lo puede hacer.

De nuevo, él puede estar diciéndote: «Yo estoy contigo. Esto lo puedo usar para tu bien; así que vamos a trazarnos un plan». Confía en que te va a ayudar.

La soberanía de Dios no ignora nuestra responsabilidad. Al contrario. La potencia. Cuando confiamos en Dios, podemos pensar más claramente y reaccionar con mayor seguridad. Como Nehemías, que dijo: «Oramos a nuestro Dios y... pusimos guarda contra ellos de día y de noche» (Nehemías 4.9).

Oramos y... pusimos. Confiamos y actuamos. Confía en Dios en aquello que no puedes hacer. Obedece a Dios y haz lo que puedes hacer.

No dejes que la crisis te paralice. No permitas que la tristeza te apabulle. No dejes que el miedo te intimide. Lo peor es no hacer nada. Y creer es lo máximo. Así que...

MANTÉN

LA CALMA

Y SIGUE

ADELANTE

CAPÍTULO 15

Mal. Dios. Bien.

La vida nos pone a todos al revés. De eso no se escapa nadie. Ni la esposa que descubre que su marido tiene un romance por fuera. Ni el hombre de negocios cuyas inversiones han sido malversadas por un colega deshonesto. Ni la adolescente que descubre que una noche de romance ha dado como resultado un embarazo no deseado. Ni el pastor que siente que su fe se estremece por asuntos de sufrimiento y miedo.

Seríamos unos ilusos si creyéramos que nosotros somos invulnerables.

Pero seríamos igualmente ilusos si creyéramos que el mal va a triunfar sobre el bien.

La Biblia vibra con el constante toque del tambor de la fe: Dios recicla lo malo para convertirlo en rectitud. Quizás te hayas propuesto leer este libro en busca de una rápida solución a tus desafíos. «Cómo vencer obstáculos en cinco pasos fáciles». Lamento desilusionarte. No tengo una solución fácil ni una varita mágica. Yo he encontrado algo —Alguien— mucho mejor. Dios mismo. Cuando Dios está en medio de una vida, lo malo llega a ser bueno.

¿No lo descubrimos en la historia de José? Lamentablemente con contrariedades: rechazo de la familia, deportación, esclavitud, encarcelamiento. Pero él emergió triunfante, un héroe de su generación. Entre sus últimas palabras registradas está este comentario dicho a sus hermanos: «Vosotros pensasteis mal contra mí, mas Dios lo encaminó a bien» (Génesis 50.20).

Es un patrón que se repite a través de toda la Escritura: *Mal. Dios. Bien.* El mal vino sobre Job. Tentado. Probado. Con problemas. Pero Dios contraatacó. Habló verdad. Declaró soberanía. Al final, Job se decidió por Dios. El blanco principal de Satanás llegó a ser el testigo estrella de Dios. ¿Resultado? Bien.

El mal vino sobre Moisés. Lo convenció de dar muerte a un egipcio y liberar a un pueblo basado en la ira. Dios contraatacó. Puso a Moisés a «enfriarse» por cuarenta años. Y al final, Moisés se decidió por Dios. Liberó a su pueblo como pastor, no como soldado. ¿Resultado? Bien.

El mal vino sobre David: cometió adulterio;

> Sobre Daniel: lo llevaron a una tierra extraña;

>> Sobre Nehemías. Las murallas de Jerusalén fueron destruidas.

Pero Dios contraatacó. Y porque lo hizo,

David escribió canciones de gracia,

> Daniel gobernó en una tierra extraña, y

>> Nehemías reconstruyó las murallas de Jerusalén. Con madera babilónica.

¿Resultado? Bien.

Y Jesús. ¿Cuántas veces en su vida terrenal lo malo llegó a ser bueno?

El posadero de Belén les dijo a sus padres que se acomodaran en el establo de los animales. Malo. Dios entró en el mundo en el lugar más humilde de la tierra. Eso fue bueno.

En la fiesta de bodas no había vino. Malo. Los invitados presenciaron el primer milagro de Jesús. Bueno.

La tormenta barrió con la fe de los discípulos. Malo. Ver a Jesús caminando sobre el agua los transformó en adoradores. Bueno.

Cinco mil hombres necesitaban alimento para sus familias. Mal día para ser discípulo. Jesús transformó un canasto en una panadería. Buen día para ser discípulo.

Con Jesús, lo malo se transformó en bueno como la noche se torna en día: regularmente, confiablemente, agradablemente. Y redentoramente.

¿Ves la cruz en el monte? ¿Puedes oír los martillazos de los soldados? Los enemigos de Jesús se ríen. Los demonios de Satanás están al acecho. Todo lo malo se frota las manos con alegría. «Esta vez», murmulla Satanás. «Esta vez ganaré yo».

Durante un triste viernes y el silencio de aquel sábado pareciera que lo logrará. El último aliento. El cuerpo maltratado. El llanto de María. La sangre corriendo por el madero y confundiéndose con el polvo del suelo. Los seguidores bajando al Hijo de Dios antes de la puesta de sol. Soldados sellando la tumba y la noche cayendo sobre la faz de la tierra.

Pero lo que Satanás procura que sea su mal supremo, Dios lo usa como el supremo bien. Dios quitó la piedra. Jesús salió caminando el domingo de madrugada, una sonrisa en su rostro y un reflejo a su paso. Y si miras atentamente, podrás ver a Satanás corriendo a toda prisa desde el cementerio con la cola ahorquillada entre las piernas.

«¿Ganaré alguna vez?», reniega.

No. No ganará. Las historias de Jesús, de José y de miles más nos aseguran que lo que Satanás intenta para mal, Dios lo usa para bien.

Mi amiga Christine Caine está transitando por esta promesa. Es una bujía australiana. Un metro cincuenta y cinco de energía, pasión y amor. Sentarse con Christine es compartir una comida con un José de hoy. Ella está en guerra con una de las más grandes desgracias de nuestra generación: la esclavitud sexual. Viaja un promedio de trescientos días en el año. Tiene reuniones con gabinetes, con presidentes, con parlamentos. Enfrenta a los proxenetas y desafía el crimen organizado. Con Dios como su ayudador, espera ver la esclavitud sexual ponerse de rodillas.

Bastante impresionante para una chica cuyo mundo se había vuelto al revés. A la edad de treinta tropezó con la sorprendente noticia de su adopción. La pareja que la había adoptado nunca quiso que ella lo supiera.

Cuando Christine llegó a saber la verdad, empezó a buscar a sus padres biológicos.

Los registros oficiales de su nacimiento le decían solamente que su madre era una griega de nombre Panagiota. El espacio reservado al nombre del padre ostentaba la palabra: «Desconocido». Christine recuerda: «Pensé en esta palabra tratando de entender cómo alguien tan importante para mí pudo reducirse a simplemente estas... once letras, una palabra, y esa sola palabra parecía tan insuficiente».[1]

Pero hay más. En el recuadro de al lado, marcado con «Nombre del hijo» había dos palabras que la dejaron sin aliento: «Sin nombre».

Padre «desconocido». Hijo «sin nombre». Según el documento, Christine Caine era simplemente esto: «número de nacimiento 2508 del año 1966».[2]

Abandonado por quienes te concibieron y te trajeron al mundo. ¿Podría haber algo peor? La verdad es que sí. Ser abusado sexualmente por miembros de tu propia familia. Una vez tras otra se aprovecharon de ella. Transformaron su niñez en una historia de horror, un encuentro tras otro. Doce años de mal horrible y desenfrenado.

Pero lo que procuraron que fuera malo, Dios lo usó para bien. Christine decidió poner atención no solo a las heridas de su pasado, sino a la promesa de su Padre celestial. Se aferró a Isaías 49.1 (NVI): «El Señor me llamó antes de que yo naciera, en el vientre de mi madre pronunció mi nombre». Christine tomó la misma decisión que José: creer en el Dios que creía en ella.

Años más tarde, cuando oyó de las condiciones en que vivían muchas jovencitas atrapadas en el comercio sexual, no dudó que tenía que hacer algo. Cuando vio sus rostros en carteles anunciando a personas perdidas y oyó de muchachitas maltratadas por sus captores, esa joven sin nombre y abusada se dispuso a rescatar a las sin nombre y abusadas de su día. Satanás intentó destruir su firme resolución de ayudar a otros. Su *A21 Mission* (Misión A21) tiene oficinas alrededor del mundo. Combaten «el

tráfico humano a través de programas de prevención en escuelas y orfana-
tos, representando a las víctimas como defensores legales y dándoles refugio en casas seguras para posteriormente ponerlas en hogares de
transición».[3] Mientras escribo estas líneas, varios cientos de jovencitas
han sido ayudadas y liberadas.[4]

Una vez más, lo que Satanás intentó para mal, Dios... Bueno, ya conoces el resto.

¿O no? ¿Crees tú que no hay mal que esté más allá del alcance de
Dios? ¿Qué él puede redimir cada pozo, incluyendo ese en el que te encuentras ahora?

¿Qué crees que habría pasado si José hubiese dejado de creer en Dios?
El Señor sabe, habría vuelto la espalda al cielo. En algún punto de su
camino estropeado, se habría transformado en un amargado alejándose.
«No más. No más. Estoy fuera».

Tú también podrías renunciar a Dios. El cementerio de la esperanza
está superpoblado de almas amargadas que se han decidido por un dios
pequeño. No te cuentes entre ellos.

Dios ve a José en ti. ¡Sí, a ti! Tú estás en el pozo. Tú con tu familia,
llenos de fracasos y frustraciones. Encarcelado en tu propia versión de la
cárcel egipcia. Dios te está hablando.

Tu familia necesita a un José. Un mensajero de gracia en un día de
rabias y revanchas. Tus descendientes necesitan un José, un enlace robusto
en la cadena de fe. Tu generación necesita un José. Afuera hay hambre.
¿Vas a segar esperanza y distribuirla al pueblo? ¿Serás un José?

Confía en Dios. Mejor, *realmente* confía en él. Te hará salir de esta.
¿Será fácil o rápido? Espero que sí. Pero sería raro. Dios, sin embargo,
hará salir algo bueno de este enredijo.

Es su trabajo.

Preguntas para reflexión

Preparada por CHRISTINE M. ANDERSON

CAPÍTULO 1

Saldrás de esta

1. Tres veces al comienzo de este capítulo, leemos estas líneas: «Saldrás de esta. No será sin dolor. No será de un día para otro. Pero Dios usará este lío para bien. Mientras tanto, mantén la calma y no hagas ninguna tontería. No te desesperes tampoco. Con la ayuda de Dios, saldrás de esta».

    a. Analiza cada frase por separado. ¿Cuál es, para ti, la más reconfortante y alentadora? ¿Cuál, en tu opinión, *no debió* Max haber incluido? ¿Por qué?

    b. Max ofrece estas palabras de seguridad a tres personas en situaciones distintas: una madre con tres hijos a quien su esposo la abandonó, un hombre de mediana edad despedido de su trabajo por un mal comentario y una adolescente obligada a elegir entre su madre y su padre. ¿Cómo resumirías, en una frase, la difícil situación que estás enfrentando ahora mismo o has tenido que confrontar en el pasado?

    c. Max nos dice tres cosas que no debemos hacer. ¿Cuál de las palabras negativas citadas más abajo se refiere a los tres casos? ¿Cuál representa la mayor tentación para ti ahora mismo, o cuál se identifica más contigo cuando estás en una situación difícil?

    ❑ Ingenuo: me siento tentado a ser —o a haber sido— irreflexivo, imprudente, miope, falto de sabiduría, de buen juicio o impulsivo en mi conducta.

❏ Ingenuo: me siento tentado a ser —o a haber sido— deliberadamente ignorante de las realidades negativas; falto de discernimiento y juicio crítico, ciego al efecto de mis palabras o conducta, o a involucrarme en una visión poco realista del mundo y de la naturaleza humana.

❏ Desesperado: me siento tentado a ser —o a haber sido— consolado por otros. Tiendo a sentirme desesperado, desolado, deprimido, indefenso o miserable.

❏ Otra:

2. Lee Génesis 37, que provee un escenario crítico de la familia de José y de los detalles sobre su secuestro y venta como esclavo en Egipto.

a. La historia destaca a tres personajes principales: los hermanos (como un todo), José y Jacob. ¿Cuál de las palabras no dichas en la pregunta 1 describe mejor a cada uno de los tres personajes?

Los hermanos son _____

José es _____

Jacob es _____

b. Usa la palabra que elegiste de la pregunta 1 y el personaje de Génesis 37 que la ilustra mejor, para reflexionar sobre cómo enfrentas las dificultades. Por ejemplo, si escogiste «desesperado», ¿qué similitudes ves entre tú y el personaje desesperado que identificaste? ¿Qué entendimiento de tus palabras, acciones o tu propia situación te provee este personaje? (Quizás deberías volver a leer Génesis 37, poniendo atención especial a las palabras, acciones y situación del personaje que escogiste.)

c. ¿En qué aspecto, si hay alguno, te cuesta identificarte con este personaje? ¿Por qué?

3. Al final de Génesis 37, José se encuentra a sí mismo en Egipto. La palabra hebrea para Egipto es *Mitzrayim*, que quiere decir «frontera, cerrado o límite».[1] Y hace pensar en un lugar muy estrecho o limitado. Podríamos decir que el Egipto de José, su *Mitzrayim*, comenzó el minuto en que fue lanzado al fondo de la cisterna seca. Y los espacios estrechos siguieron presentándose a través de la esclavitud, el arresto injusto y la prisión.

a. Habría sido natural para José desafiar su cautividad y dedicar todos sus esfuerzos a escapar. ¿Por qué crees que repetidamente tomó la decisión de no hacerlo? ¿Qué habrías dicho tú si lo hubiera hecho?

b. ¿Cómo te relacionarías con esa imagen de estar en Egipto? ¿Cómo te ha limitado tu sufrimiento o en qué medida ha hecho tu mundo mucho más pequeño? ¿Cuáles son las limitaciones más difíciles para ti?

c. ¿Cómo definirías la forma en que reaccionas a tus limitaciones? Por ejemplo, ¿te preocupas, primeramente, por elaborar planes que te permitan escapar de las situaciones, formas de hacerles frente o alguna otra cosa?

4. Entre el comienzo y el final de la historia de José, él experimenta una importante transformación. El muchachito consentido que una vez pensó en él y en nadie más que en él, llegó a ser un líder visionario que salvó al mundo de la inanición. Cada aprieto en la vida de José se convirtió en un lugar de entrenamiento, un camino estrecho hacia un propósito eterno.

a. Entrenamiento es preparación. Es un proceso que hace fuerte al débil y dota de habilidades al que no tiene ninguna. ¿Cuál es el potencial a entrenar en tu situación difícil? ¿Qué nuevos «músculos» estás haciendo trabajar?

b. He aquí una presunción de entrenamiento: lo que no podemos hacer ahora, aun con nuestro máximo esfuerzo, es algo que podremos hacer más tarde si entrenamos más duro. ¿Cómo identificas esta verdad tanto en la historia de José como en la tuya?

5. «La historia de José está en la Biblia por esta razón: enseñarte a confiar en Dios para triunfar sobre el mal. Lo que Satanás intenta para mal Dios, el Maestro Tejedor y Maestro Constructor, lo redime para bien» (p. 8). *Vencer* es obtener lo mejor de un adversario usando un recurso crítico y a menudo oculto en el momento más estratégico. ¿Cómo te ayuda esta idea a entender la participación de Dios en tu vida común y corriente?

6. C. S. Lewis escribió: «Dios nos susurra en nuestros deleites, nos habla en nuestras conciencias y nos grita en nuestros dolores».[2] Tómate un momento para reflexionar en lo que la historia de José podría revelarte sobre el dolor y las dificultades que estás experimentando. Si Dios te está gritando en tu dolor, ¿qué te está diciendo? ¿Cómo te estaría invitando a responder?

CAPÍTULO 2

Bajando, bajando, bajando a Egipto

1. José entró a Egipto como esclavo. Lo había perdido todo, con una excepción: su destino. Él creía que Dios estaba actuando en sus circunstancias y que tenía planes para su vida.

    a. En general, ¿cómo podrías describir el impacto que tus circunstancias tienen en tu capacidad para confiar en Dios, para creer que él está actuando en tu vida?

    b. Reflexiona por un momento en el nivel de confianza que tienes en Dios en cuanto a tu eternidad: que te ha salvado y que vivirás con él para siempre. ¿Cómo se compara ese nivel de confianza en Dios con tu nivel de confianza en él en cuanto a tus circunstancias actuales? Si uno de esos niveles de confianza es mayor, ¿qué determina esa diferencia?

2. Una forma de pensar en nuestro destino es que ya conocemos el final de la historia: la de Dios y la de nosotros mismos, lo que es definitivamente bueno. A través del profeta Isaías, Dios declaró:

    Yo soy Dios, y no hay otro Dios, y nada hay semejante a mí, que anuncio lo por venir desde el principio, y desde la antigüedad lo que aún no era hecho, que digo: Mi consejo permanecerá, y haré todo lo que quiero. (46.9–10)

Esta clase de «anuncio lo porvenir» revela algo absolutamente único acerca de cómo es Dios y cómo trabaja. Vemos una expresión personal de esto en la historia de José, cuando Dios usó los sueños para revelar lo que habría de ocurrir (Génesis 37.5–11).

a. Recuerda alguna tribulación o adversidad. Al reflexionar, ¿qué evidencia hubo de la actividad de Dios en tu vida? ¿Amabilidad inesperada? ¿Cambios positivos en alguna circunstancia o relación? ¿Cómo te preparó, la mano de Dios, para lo que venía? ¿Logró eso que tu experiencia profundizara tu confianza en Dios?

b. ¿Cómo afectaron tus experiencias anteriores de la obra de Dios en tu vida —o su aparente ausencia— tu capacidad de confiar en él en tus circunstancias actuales?

c. Piensa en las últimas veinticuatro horas. ¿Qué señales de la bondad y la gracia de Dios, por pequeñas que sean, puedes identificar? Escribe dos o tres de ellas.

d. ¿Qué podrían indicar esas señales acerca de los propósitos de Dios en tu vida en este momento?

3. La forma en que confiamos en nuestro destino es como sigue: nos adherimos firmemente a lo que tenemos que no podemos perder. Max le da utilidad a esto al describir cómo puede la gente recordar y confiar sus destinos (p. 21) en dos circunstancias diferentes: la pérdida del trabajo y la pérdida de una amistad. Usando los ejemplos como una referencia, escribe una declaración de dos o tres líneas afirmando tu confianza en el destino que Dios tiene para ti.

4. «La supervivencia en Egipto comienza con un sí al llamado que hace Dios a tu vida» (p. 21). Al decir sí, estás reconociendo que nada en ti es desconocido para Dios (Salmos 139). Y afirmas con David: «El

Señor cumplirá su propósito en mí. Tu misericordia, oh Señor, es para siempre» (Salmos 138.8).

a. ¿En qué manera, si la hay, sientes que estás diciendo no al llamado que Dios te hace?

b. Si consideras que parte de a lo que estás diciendo no es el amor de Dios, ¿cómo cambiaría eso tu perspectiva?

c. ¿Qué sí podrías decirle a Dios ahora, en este momento?

Solo pero no del todo

Max ofrece cuatro formas concretas en que podemos sensibilizarnos a la divina presencia, las cuales «nos cubren en la misma forma que lo hace el océano con las piedras del fondo» (p. 29).

1. *Reclama la cercanía de Dios.* Las páginas de la Escritura están llenas de promesas que afirman la cercanía de Dios con nosotros:

Aunque ande en valle de sombra de muerte, no temeré mal alguno, porque tú estarás conmigo; tu vara y tu cayado me infundirán aliento. (Salmos 23.4)

Jehová de los ejércitos está con nosotros; nuestro refugio es el Dios de Jacob. (Salmos 46.7)

Y debes estar seguro de esto: Yo estoy con vosotros todos los días, hasta el fin del mundo. (Mateo 28.20)

Él [Dios] dijo: No te desampararé, ni te dejaré. (Hebreos 13.5)

Cuando reclames algo, haz valer tus derechos a ello como algo que se te adeuda. Esta es una postura de intrepidez, insistencia y perseverancia.

a. ¿Cómo describirías tu postura en cuanto a la cercanía de Dios? ¿Has sido osado, insistente y persistente al demandar esta verdad? ¿O tu tendencia ha sido hacia la timidez, la pasividad y la ambivalencia?

b. «Días difíciles exigen decisiones de fe» (p. 29). Usando los pasajes arriba anotados como referencia, aprópiate de la promesa de la cercanía de Dios demandándola para la situación que enfrentas hoy. Escribe una afirmación de dos o tres líneas refiriéndote a tu decisión de confiar que Dios está cerca de ti.

2. *Aférrate a su carácter.* Las cualidades de Dios son los aspectos inmutables de su carácter; son también las promesas en las que podemos descansar en medio de los cambios.

a. Fija un periodo de dos minutos. Escribe todas las verdades acerca del carácter de Dios que puedas recordar durante este tiempo. (Antes de empezar a contar los minutos quizás quieras leer de nuevo la lista que Max da de las cualidades de Dios, según aparecen en la p. 30.) O si puedes dedicarle más tiempo, lee el salmo 86 y haz una lista de las cualidades de Dios enumeradas por David.

b. Repasa brevemente tu lista de las cualidades de Dios. Haz un círculo en dos o tres que a tu juicio son las más importantes para ti. ¿Por qué son las más importantes para ti en este tiempo? ¿Qué promesas representan?

3. *Manifiesta tu dolor en oración.* «¿Enojado con Dios? ¿Desapruebas su estrategia? ¿Molesto con sus decisiones? Díselo. Que lo sepa. No dejes de exponer tu queja» (p. 31).

a. Una queja es una protesta formal por un problema o un error planteado por alguien que tiene el derecho de ser oído. Identifica brevemente la queja que tienes sobre los problemas que estás enfrentando ahora. ¿Qué ha salido mal?

b. ¿Qué emociones agita esta situación en ti, respecto de otros, de ti mismo y de Dios?

c. Háblale francamente a Dios sobre tus angustias. Puedes escribir tus oraciones en un diario o decírselas en voz alta. No cedas a la tentación de ocultar o negar la verdad acerca de tus pensamientos y sentires. Presenta a Dios el peso total de tus heridas, preguntas y desilusiones.

4. *Apóyate en el pueblo de Dios.* Dios está presente en medio de aquellos que se reúnen en su nombre (Mateo 18.20). La más elocuente expresión de aliento de Max es: «Adhiérete como lapa al bote de la iglesia de Dios» (p. 32). Las lapas comienzan su vida como pequeños organismos que flotan en el agua, pero deben adherirse a una superficie dura para crecer y llegar a ser seres adultos. Al adherirse, producen una especie de pegamento, como cemento líquido, que termina endureciéndose. En la edad adulta, las lapas siguen produciendo anillos concéntricos de esa especie de cemento con lo cual aseguran aun más su adhesión a la superficie dura.

a. En general, ¿cómo describirías tu actual conexión con tu fe comunitaria? ¿Estás plenamente integrado o sigues actuando solo en muchas áreas? Si estás conectado, ¿podrías decir si tus conexiones mejoran o se debilitan? Explica cualquiera de las dos posibilidades.

b. Haz una reflexión breve acerca de las relaciones específicas que tienes en tu comunidad de fe: amigos, un grupo pequeño, un equipo de voluntarios con los que trabajas. ¿Cuáles relaciones te parecen que han pegado mejor (siguiendo la idea de la lapa que se adhiere a la nave)?

c. Cuando te apoyas en otras personas, dependes de ellas. ¿En cuáles relaciones te parece que podrías apoyarte mejor durante la próxima semana? ¿Cómo, específicamente, piensas que vas a depender de ellas? ¿Pedir ayuda? ¿Solicitar oración por algún asunto específico? ¿Invitarlas a un café para hablar acerca de las situaciones por las que estás pasando? ¿Otras posibilidades?

CAPÍTULO 4

La estupidez no se arregla con estupidez

Navegar en las demandas de una crisis tipo «banco de arena» o en un prolongado periodo de adversidad puede dejarnos agotados en muchos aspectos: mental, emocional, relacional y espiritualmente. Al reflexionar en las demandas por las cuales has tenido que «navegar», ¿cómo evaluarías tu nivel de agotamiento en este momento? Haz un círculo en el número que mejor describa tu respuesta.

1	2	3	4	5	6	7	8	9	10

Estoy agotado. Tengo poco o nada de energía para cumplir con mis obligaciones y atender a mis amistades.

No estoy agotado. Tengo suficiente energía como para hacer mi trabajo y atender a mis amistades.

    a.   ¿Qué imagen utilizarías para describir tu nivel de agotamiento: un pedazo de tela desgastado, un lecho seco de río o un automóvil echando humo?

    b.   ¿Qué necesidades representa tu imagen de agotamiento? En otras palabras, ¿qué es lo que más te falta en este momento?

2.   El agotamiento puede dejarnos vulnerables a lo que Max llama «más que estúpido», complicando nuestras circunstancias con cosas tales

como decisiones mal hechas, conducta impulsiva, compromisos morales y más. ¿Te parece que te has hecho vulnerable debido a tu agotamiento? ¿A qué recursos puedes echar mano para recuperarte?

3. Justificaciones y racionalizaciones («Nadie lo sabrá», «No me atraparán», «Solo soy un ser humano») son advertencias de nuestras vulnerabilidades que son «más que estúpido». El autor Dallas Willard escribió: «Lo más peligroso espiritualmente en mí son los pequeños hábitos de pensamiento, sentimiento y acción que considero "normales" debido a "que todo el mundo lo hace" y "se trata de algo muy humano"».[3]

   a. ¿Qué «pequeños hábitos de pensamiento, sentimiento y acción sabes que justificas o racionalizas?

   b. ¿Qué peligros potenciales o perjudiciales podrían resultar de esas vulnerabilidades?

4. Lee Génesis 39, donde aparece la historia de la experiencia del banco de arena de José con la mujer de Potifar.

   a. Las justificaciones y las racionalizaciones tienden a mantenernos enfocados en lo que carecemos y lo erróneo con nuestras circunstancias. ¿Qué revela la reacción de José hacia la esposa de su señor en cuanto a la forma de apreciar sus circunstancias (v. 9)?

   b. Lealtad es fidelidad y devoción. ¿Qué observas en cuanto a lealtad y deslealtad en cada uno de los personajes de este capítulo? ¿A quién está tratando de complacer cada uno de ellos? Piensa en las palabras y acciones de José, Potifar y la mujer de Potifar.

   c. Usando como una referencia a los tres personajes humanos en este capítulo, ¿cómo podrías describir el objeto y el alcance de tu lealtad en este momento? ¿Qué revelan tus palabras y acción en cuanto a quién estás tratando de complacer?

d. ¿En qué maneras has experimentado la lealtad de Dios, su fidelidad y devoción hacia ti, en medio de tus circunstancias?

5. José puso su lealtad a Dios por sobre cualquier otra cosa y rehusó racionalizar o justificar una transigencia. Hizo lo correcto aunque tuvo que pagar un costo alto.

a. David escribió: «Ofrezcan sacrificios de justicia y confíen en el Señor» (Salmos 4.5, NVI). ¿Qué sacrificios tendrías que hacer en cuanto a las vulnerabilidades que identificas en las preguntas 2 y 3?

b. ¿Qué necesitas para confiar en el Señor?

CAPÍTULO 5

¡Ah, así que esto es un campamento de entrenamiento!

1. «Día a día Dios nos prueba a través de personas, del dolor o de los problemas» (p. 63).

   a. Cuando Max enfrentó una prueba, tuvo que decidir si amargarse o disculparse, ignorar la tensión o enfrentarla. Piensa en las últimas veinticuatro horas e identifica una prueba que hayas tenido. ¿Cuál fue la decisión o asunto que tuviste que enfrentar?

   b. En la escuela, algunas pruebas valen cien por ciento y otras un porcentaje menor del valor total. ¿Cómo evaluarías tu reacción a la prueba que enfrentaste?

   c. El tema de la prueba de Max podría describir la integridad relacional. ¿Cuál es el tema de la lección que tu propia prueba representa? ¿Qué ganancia podrías tener si aprendes bien la lección? ¿Qué pérdidas o consecuencias podrías sufrir si «sales mal» en el examen?

2. Dios usó las pruebas en la vida de José, y las usa en nuestras propias vidas, no como castigo sino como preparación. Es esta una distinción notable hecha por C. S. Lewis cuando escribe: «Si piensas que este mundo es, sencillamente, un lugar para nuestra felicidad, lo vas a encontrar intolerable: pero si piensas que es un lugar de entrenamiento y corrección, no lo vas a ver tan malo».[4]

a. ¿Cuál es tu reacción inicial a esta idea? ¿Cómo afecta a tu perspectiva en lo que significa ser probado por Dios?

b. José no sabía que esas pruebas lo que estaban haciendo era prepararlo. Las lecciones que aprendió estaban todas relacionadas con el liderazgo, el servicio leal y la confianza en Dios. Como José, puedes no estar consciente de cómo Dios te está preparando, pero las lecciones mismas pueden apuntar a cierta dirección. Cuando piensas en las lecciones y temas de las pruebas que has experimentado recientemente, ¿en qué dirección sientes que Dios te está dirigiendo?

3. La perspectiva bíblica de las pruebas es radicalmente anticultural y antiintuitiva. El apóstol Santiago lo describe de esta manera:

Considérense muy dichosos cuando tengan que enfrentarse con diversas pruebas, pues ya saben que la prueba de su fe produce constancia. Y la constancia debe llevar a feliz término la obra, para que sean perfectos e íntegros, sin que les falte nada. (1.2–4)

a. La clave para cambiar la perspectiva de nuestras tribulaciones comienza con la palabra con que se inician los versículos del apóstol Santiago citados arriba: «Considérense». La palabra griega para *considerar* es un verbo que tiene que ver con pensamiento, no con las emociones. «Santiago no está diciendo cómo se debe *sentir* uno, sino cómo debería *pensar* ante determinada circunstancia».[5] ¿Cómo reaccionas ante esta distinción entre pensar y sentir conexión con las circunstancias que estás viviendo? ¿Qué te preocupa o intriga en relación con la idea de *pensar* en el gozo aun cuando no estés sintiéndolo?

b.   Un erudito sugiere que en lugar de «esperar la prueba» veamos
     «*a través* de ella su resultado potencial».[6] ¿Qué palabras te
     vienen a la mente cuando esperas la prueba? ¿Y cuáles cuando
     ves a *través* de tu prueba?

4.   «Comparte el mensaje que Dios te da. Esta prueba será tu testimo-
     nio... Tu confusión puede llegar a ser tu mensaje» (p. 55). En un tribu-
     nal, el testimonio es una declaración pública de un testigo ocular
     dada bajo juramento. Constituye evidencia que respalda los hechos y
     la verdad. ¿Qué viene a tu mente cuando piensas en ti mismo como un
     testigo ocular de la actividad de Dios en medio de tus enredijos? ¿Qué
     hechos y verdades acerca de Dios tienen el respaldo de la evidencia de
     tu testimonio?

CAPÍTULO 6

Espera mientras Dios trabaja

1. José probablemente tenía diecisiete años cuando fue vendido como esclavo y treinta cuando Faraón lo puso a cargo de los preparativos para enfrentar la hambruna. Su tiempo de espera, en la casa de Potifar y en la cárcel pudo haberse prolongado por trece años.

   a. Tómate un momento para recordar tu edad y las circunstancias de tu vida trece años atrás. Escribe tres cosas que recuerdes sobre cómo era tu vida en aquel entonces y luego tres cosas sobre tu nivel de crecimiento personal y madurez en ese tiempo. Piensa en términos de madurez espiritual, emocional y relacional.

   b. ¿Cuáles son algunos de los cambios en tu vida y en tu nivel de madurez entre entonces y ahora?

   c. Durante el tiempo de espera y preparación de José, Dios estuvo trabajando. Si consideras tus últimos trece años como un tiempo similar de espera y preparación, ¿cómo crees que Dios ha estado trabajando en tus circunstancias y en tu crecimiento personal?

2. Nosotros siempre andamos apurados, pero Dios no. Las páginas de la Escritura nos animan una vez tras otra a esperar en el Señor. El salmista nos ofrece una imagen contundente sobre cómo debe ser esta espera y lo que se requiere para ello:

Esperé yo a Jehová, esperó mi alma; en su palabra he esperado. Mi alma espera a Jehová más que los centinelas a la mañana, más que los vigilantes a la mañana. Espere Israel a Jehová, porque en Jehová hay misericordia, y abundante redención con él. (Salmos 130.5-7)

El salmista es claro al señalar que ha invertido toda su voluntad con la expectativa de que el Señor viene. Otras versiones de la Biblia describen la intensidad de este anhelo por Dios como «Yo espero en el Señor, mi alma espera», «Estoy contando con el Señor; sí, estoy contando con él», «Oro a Dios, mi vida es una oración, y espero lo que él va a decir y hacer».

a. Cuando piensas en las circunstancias en las cuales normalmente esperas en el Señor, ¿cómo podrías describir el plan de inversión de tu corazón? ¿Estás tú, como el salmista, invirtiendo el cien por ciento en esperar en el Señor? ¿O estás equilibrando tu corazón invirtiendo también en cosas como preocuparte o en potenciales planes alternos?

b. Usando como referencia varias versiones de la Biblia, escribe una declaración que exprese la intensidad de tu anhelo por Dios en este momento.

c. En general, ¿tiendes a ser más consciente de tu anhelo por Dios o por lo que esperas que Dios haga por ti? ¿Cómo puedes ver la diferencia entre uno y otro?

d. ¿Cómo puede la imagen de un centinela —durante la noche— ayudarte a entender lo que significa confiar en el Señor y ser activo en la espera?

3. «Esperar es un esfuerzo sostenido para estar enfocado en Dios mediante la *oración* y la *confianza*. Esperar es *guardar silencio ante*

el Señor y esperar en él (Salmos 37.7)» (p. 66, énfasis añadido). Usa la frase iniciadora abajo para pensar en la forma en que podrías esperar activamente en Dios en los días que tienes por delante.

a. Puedo permanecer enfocado en Dios *orando* por...

b. Puedo permanecer concentrado en Dios con mi *fe* por...

c. Puedo permanecer enfocado en Dios y *descansar* por...

CAPÍTULO 7

Más rebotes que Bozo

1. Un balastro es un contrapeso, algo que contrarresta una fuerza opositora para mantener el equilibrio. El balastro de José fue su «profunda creencia estabilizadora en la soberanía de Dios» (p. 74). Por trece años le ayudó a rebotar ante cada adversidad: traición, esclavitud, acusaciones falsas, cárcel, abandono. La audiencia de José con Faraón marcó el comienzo de su redención, pero aún había en acción una fuerza opositora. Solo que esta vez no era una *adversidad*, sino que era un *montaje*.

   a. Lee Génesis 41.1–44, donde encontramos la historia de los sueños de Faraón y su primer encuentro con José. Pon especial atención en lo que Faraón dijo sobre José (v. 15) y cómo respondió este (vv. 16, 25, 28, 32).

   b. Un montaje es una invitación sutil al autoengaño, lo que a su vez nos hace vulnerables ante una adversidad. ¿Cómo podrías describir la potencial trampa en las palabras de Faraón a José (v. 15)? ¿Ante qué clase de adversidad habría podido quedar José vulnerable si hubiese aceptado una invitación tan sutil?

   c. Vemos el balastro de José en acción al afirmar repetidamente la soberanía de Dios, no solo en cada cosa que le había ocurrido (vv. 25, 28, 32), sino también al describir lo que habría de acontecer (vv. 16, 32). Para José, la soberanía de Dios cubría tanto el pasado como el futuro.

   En esa situación, habría sido lo más natural del mundo para José, que acababa de ser liberado de la cárcel, asegurarse su futuro otorgándose el mérito a sí mismo. ¿Qué revela sobre su relación con Dios el rehusarse a hacerlo? ¿Su confianza en la soberanía de Dios?

d. Compara las palabras de Faraón en Génesis 41.15 y 41.39. ¿En qué forma afectó el balastro de José a la perspectiva de Faraón? Analiza lo que cambió y lo que no cambió.

2. Pasar del sufrimiento a la redención es una experiencia llena de ricos dones y gracias. Finalmente, la larga espera ha terminado. Hay alivio, nueva vida, nueva esperanza. Pero como lo muestra la historia de José, esta transición también incluye desafíos únicos.

a. Ante la eventualidad de entrar en un tiempo de redención, ¿con qué trampas —invitaciones sutiles al autoengaño—, podrías encontrarte? Piensa especialmente en las formas en las que tu enfoque podría ser desviado sutilmente de tu dependencia de Dios a tu dependencia de ti mismo.

b. ¿A qué adversidades podrías quedar vulnerable si llegaras a aceptar estas invitaciones? Piensa especialmente en las formas en las que podrías ser tentado para asegurar tu futuro por ti mismo.

c. El balastro de José afectó la perspectiva de Faraón. ¿Qué relación importante tienes tú que podría ser afectada dependiendo de la forma en que tratas tu fe en la soberanía de Dios? ¿Cómo piensas influir en su perspectiva respecto de Dios y aun de ti mismo?

3. Rebotar en una adversidad no quiere decir necesariamente retornar a la vida como era antes. La redención de José no le llevó de vuelta al estilo de vida que tenía cuando vivía en casa de su padre. El teniente

Sam Brown nunca volvería al mismo estilo de vida que tenía antes de su horrible experiencia en Afganistán. Para ambos hombres, rebotar requería dos cosas: disposición a perder todo lo que habían tenido hasta ese momento y disposición a recibir lo nuevo que Dios les ofrecía. Esta es la promesa de la Escritura para todo aquel que persevera:

Dichoso el que resiste la tentación porque, al salir aprobado, recibirá la corona de la vida que Dios ha prometido a quienes lo aman. (Santiago 1.12)

a.   Cuando piensas en la esperanza de tu redención, ¿qué quieres que sea verdad cuando tu tiempo de espera termine y hasta qué punto estás implicando tu esperanza en volver a tener el estilo de vida que tenías antes?

b.   ¿Qué pensamientos o emociones se te presentan cuando consideras que es posible que no llegues a vivir como antes?

c.   La recompensa por perseverar —es decir, amar a Dios lo suficiente como para que sea tu balastro— es una «vida gloriosa». Algunas versiones de la Biblia incluyen esta promesa: «Para aquellas personas leales en su amor para con Dios es vida y más vida». Esta es una promesa para vida eterna, pero también lo es para esta vida presente (Salmos 27.13–14).

      ¿En qué aspectos sientes que Dios te está invitando a no solo confiar más en él, sino en amarlo más?

      ¿De qué podrías desprenderte para recibir la nueva vida que Dios promete?

CAPÍTULO 8

¿Es bueno Dios aunque la vida no lo sea?

1. Christyn Taylor nos contaba cómo su trato unilateral con Dios se despedazó cuando dio a luz a una bebé muerta: «El miedo hizo presa de mí y mi fe empezó a derrumbarse. Mi bienestar con Dios ya no era seguro... la ansiedad hizo presa de mí» (p 83).

   a. En algún punto de nuestra experiencia, la mayoría hemos tratado de hacer un trato con Dios. *Yo te prometo que... si tú, Dios...* ¿Qué acuerdo contractual has tratado de hacer con Dios en el pasado? ¿En las actuales circunstancias?

   b. Christyn experimentó una crisis de fe cuando Dios no cumplió su parte del trato establecido por ella. ¿En qué manera te afectó el resultado de un trato con Dios? ¿Cómo afectó tu fe en la bondad de Dios?

   c. En las actuales circunstancias, ¿qué te cuestionas acerca de Dios? Por ejemplo: si Dios puede arreglar este problema, ¿por qué no lo hace? ¿Cómo un Dios bueno puede permitir que ocurra esto? ¿Cómo podría Dios sacar algo bueno de lo malo?

2. «Dios promete hacer bellas "todas las cosas", no "cada cosa". Los sucesos aislados pueden ser malos pero el resultado final es bueno» (p. 85).

a. ¿Cómo interpretas la diferencia entre «todas las cosas» y «cada cosa»? ¿Qué luz puede arrojar sobre tus circunstancias actuales o sobre las preguntas planteadas en el anterior inciso 1c?

b. «Debemos dejar que Dios defina lo que es *bueno*» (p. 85). ¿Cómo te imaginas lo diferente que sería tu vida si la definición de *bueno* se te dejara a ti? ¿Qué ventajas y desventajas potenciales anticiparías por los cambios que estás enfrentando?

3. El apóstol Pablo, que tuvo que sufrir grandes dificultades y persecuciones, esperaba que el sufrimiento fuera parte de una relación con Cristo:

Y si somos hijos, somos herederos; herederos de Dios y coherederos con Cristo, pues si ahora sufrimos con él, también tendremos parte con él en su gloria. (Romanos 8.17, NVI)

Porque a ustedes se les ha concedido no sólo creer en Cristo, sino también sufrir por él. (Filipenses 1.29, NVI)

Pablo también enfatiza la importancia de tener una perspectiva eterna:

De hecho, considero que en nada se comparan los sufrimientos actuales con la gloria que habrá de revelarse en nosotros. (Romanos 8.18, NVI)

Pues los sufrimientos ligeros y efímeros que ahora padecemos producen una gloria eterna que vale muchísimo más que todo sufrimiento. (2 Corintios 4.17, NVI)

a. En las relaciones humanas, esperamos compartir tanto los altos como los bajos de la vida con aquellos a quienes amamos. ¿Cómo te ayudan tus relaciones humanas más cercanas a entender lo que significa para ti compartir los sufrimientos de Cristo tanto como su gloria?

b. A veces, preguntarnos *cuánto va a importar esto a la semana a partir de ahora, un mes a partir de ahora, un año a partir de ahora* puede ampliar nuestra perspectiva respecto de determinado problema. Pablo sugiere que incluso una vida entera es demasiado breve para alcanzar una verdadera perspectiva respecto de nuestras adversidades; necesitamos verlas desde la perspectiva de la eternidad.

Evalúa tus actuales circunstancias a través de todas estas ventanas temporales: una semana a partir de ahora, un mes a partir de ahora, un año a partir de ahora, la eternidad. Piensa en el impacto que tus dificultades tienen en cosas como tu vida diaria, tus relaciones y tu sentido de bienestar. ¿En qué maneras, si las hay, cambia tu perspectiva con el tiempo?

4. Después que perdió su bebé, Christyn Taylor luchó con preguntas sobre por qué Dios permitió que eso sucediera. Ella escribió: «La única conclusión a la que pude llegar fue que tengo que renunciar a mi límite. Tengo que ofrecer mi vida entera, cada minuto de ella, al control de Dios sin pensar en los resultados» (p. 87).

a. ¿En qué piensas cuando se menciona ese límite: las cosas que rehúsas que Dios controle?

b. Ceder el control es siempre riesgoso y a menudo atemorizante pero, ¿hay algo en ello que te intrigue o inspire esperanza en ti? Si entregaste todo a Dios, ¿qué podrías experimentar que no puedes hacerlo de otra manera?

CAPÍTULO 9

Un toque de gratitud con esa actitud, por favor

1. Encarnar es tomar algo que existe solo como una idea o como una teoría y darle forma concreta. Al ponerles nombres a sus hijos, José llevó a cabo un acto encarnacional. Literalmente le puso rostro —¡dos rostros!— a su gratitud.

    a. Recuerda alguna ocasión en que hayas sentido una gratitud extraordinaria hacia otro ser humano o hacia Dios. ¿Cómo le diste forma concreta a esa gratitud? Piensa en tu comportamiento, en tus palabras, en tus acciones.

    b. ¿Por qué piensas que era importante expresar gratitud en la forma en que lo hiciste? ¿Qué habrías estado olvidando —en cuanto a ti como a los demás— si no hubieses expresado tu gratitud en la forma en que lo hiciste?

    c. ¿En qué forma esta gratitud que experimentaste te ayuda a entender el acto de agradecimiento de José al darles a sus hijos los nombres que les puso?

2. Poner nombre a algo o a alguien es un acto importante. El teólogo Alexander Schmemann hace una conexión entre nombre y gratitud:

    Poner nombre a algo es bendecir a Dios por ese algo y en ese algo. En la Biblia, bendecir a Dios no es un acto «religioso», sino una auténtica *forma de vivir.* Dios bendijo al mundo, bendijo al hombre, bendijo el séptimo día (es decir, el tiempo cronológico) y todo esto significa que él llenó todo cuanto existe con su amor y su benevolencia... Por eso [nuestra] reacción *natural...* es bendecir a Dios, darle gracias, *ver* el mundo como él lo ve y —en este acto de gratitud y adoración— conocer, nombrar y poseer el mundo.[7]

a. Una forma de vida es una experiencia diaria, una mezcla de nuestro comportamiento rutinario, nuestras conductas y nuestras prácticas. Basándote en la experiencia de gratitud identificada en la pregunta 1, ¿cómo podrías describir lo que significa hacer de la gratitud —bendecir a Dios— un estilo de vida? ¿Qué actitudes rutinarias, conductas y prácticas serían necesarias para lograrlo?

b. La gratitud demanda ver el mundo en la forma en que Dios lo ve. ¿En qué modo darles nombres a sus hijos como lo hizo revela en José (pp. 94–95) su forma de ver el mundo?

3. No podremos *ponerle nombre a algo* —expresar gratitud— mientras no *estemos conscientes* de ello. La práctica de ser agradecido requiere cultivar una postura de concentración que nos permita visualizar aun los detalles más pequeños.

a. Tómate un momento para «hacerte pequeño» poniéndole nombre a tu gratitud. Escribe dos o tres cosas simples por las cuales puedas dar gracias a Dios: de las últimas veinticuatro horas, de la última hora y de este preciso momento.

b. ¿Cómo podrías expresar tu actitud de concentración en en esta etapa de tu vida? En otras palabras, ¿hasta qué punto pones atención regularmente a las cosas que te ocurren por las cuales tendrías que dar gracias a Dios?

4. Max identifica cuatro razones potenciales para no expresar gratitud. Marca la que mejor represente tu propia experiencia en este sentido.

    ❑ Demasiado ocupado: ¡No tienes tiempo! Estoy tan concentrado en las cosas que tengo que hacer que con demasiada frecuencia se me olvida expresar gratitud.

    ❑ Cautela: ¡Un momento! Esto se ve como algo bueno, pero no quisiera hacerme ilusiones. Parece demasiado bueno para ser verdad. Prefiero guardar mi gratitud para mí mismo hasta que esté seguro.

    ❑ Egocéntrico: ¡De acuerdo! Esto parece algo bueno. Me siento agradecido; sin embargo, expresarlo requiere algo de mí para lo que no estaba preparado, por lo cual no sé qué pensar al respecto.

    ❑ Arrogante: En realidad, las cosas no iban tan mal antes. ¿Y no será todo eso de gratitud un signo de tener necesidad de algo? Yo no tengo necesidad de nada.

    ❑ Otros:

    ¿No caracteriza esta razón principalmente tu expresión de gratitud en tu relación con Dios, con otros y con ambos?

    ¿Qué diferencias, si las hay, adviertes en tu capacidad de expresar gratitud a *Dios* y a los *demás*? ¿Expresas con frecuencia gratitud a unos más que a otros? ¿Eres más concreto en tus expresiones de gratitud respecto de unos que de otros? ¿Más auténtico? Describe las razones de tu reacción.

5. «En medio de la más oscura noche del alma humana, Jesús encontró una forma para dar gracias. Cualquiera da gracias a Dios por la luz. Jesús nos enseña a dar gracias a Dios por la noche» (p. 100). ¿Por qué

aspectos difíciles de tu vida sientes que Dios te está invitando a expresar gratitud? Piensa en que debes hacer de tu gratitud algo concreto, quizás escribiéndola, diciéndosela a alguien o por algún otro medio. Si no estás listo para expresar gratitud, manifiesta a Dios tu preocupación o tu renuencia. Pídele gracia para dar el siguiente paso.

CAPÍTULO 10

Veamos ahora algunos de esos escándalos y canalladas de familia

1. «[José] mantuvo en secreto los secretos de familia. Sin tocarlos ni manosearlos. José estaba contento dejando su pasado en el pasado» (p. 106). A continuación hay una lista de varias palabras y frases que caracterizan algunas de las dificultades y disfuncionalidades evidentes en su familia. Al prestar atención a la lista, haz una marca junto a aquellos asuntos que se han dado en tu propia familia.

    ❑ Abandono
    ❑ Problemas en el matrimonio
    ❑ Muerte prematura
    ❑ Odios
    ❑ Rivalidad entre hermanos
    ❑ Favoritismos
    ❑ Duelo severo
    ❑ Despreciado por otros
    ❑ Renuncia paternal
    ❑ Culpabilidad
    ❑ Engaño

    ❑ Traición
    ❑ Infertilidad
    ❑ Resentimientos
    ❑ Abusos
    ❑ Relaciones extramaritales
    ❑ Maltrato
    ❑ Quebrantamiento
    ❑ Ensimismamiento
    ❑ Sigilo
    ❑ Descuido
    ❑ Otras:

    a. Identifica dos o tres efectos prolongados que lo señalado haya hecho en tu vida.

b. Cuando piensas en las tribulaciones y disfuncionalidades en tu familia, ¿tiendes a sentirte como José, es decir, que es mejor dejar esos recuerdos del pasado en el pasado? ¿O deseas que todo salga a la luz? ¿Cómo se compara tu perspectiva con la de otros en tu familia?

c. ¿Qué temores o preocupaciones acuden a tu mente cuando piensas en volver a recordar el pasado familiar o en hablar a otros miembros acerca del impacto prolongado que han tenido en tu vida los hechos identificados?

2. Parte del proceso de sanidad incluye desenterrar los detalles, específicamente aquellos que te causaron dolor, e invitar a Dios a revivir aquellas experiencias.

a. ¿Cuáles otros dos o tres detalles vienen a tu mente cuando piensas en los asuntos que han tenido una prolongada influencia en tu vida según los identificaste en la pregunta 1? Si no te sientes cómodo escribiendo los detalles, piensa en las razones que podrías tener para no sentir deseos de hacerlo. ¿Qué pensamientos o emociones están presentes en tu mente cuando piensas escribir lo que te ocurrió?

b. ¿Qué tipo de ayuda necesitas de parte de Dios cuando piensas en tu respuesta a las preguntas anteriores? ¿Cómo quisieras experimentar su presencia, consuelo o dirección?

3. Confrontar las viejas heridas puede ser desorientador. Cuando José se encontró con sus hermanos en Egipto, ocultó su identidad, les habló rudamente, hizo acusaciones falsas, los puso en la cárcel, los liberó, les fijó condiciones para dejarlos ir y, para que regresaran, mantuvo a uno como rehén, ocultó sus emociones y fue secretamente generoso con ellos (Génesis 42.6–28).

a. ¿Qué pensamientos y emociones conflictivos surgen cuando consideras la posibilidad de interconectar viejas heridas con las personas involucradas para que aquellas se produjeran?

b. ¿Con cuál de los comportamientos de José te identificas más? ¿Por qué?

4. «[Dios] nos da más de lo que pedimos al ir más al fondo de las cosas. Él quiere no solo todo tu corazón, sino que también lo desea íntegro. ¿Por qué? La gente maltratada, maltrata» (p. 109).

a. ¿En qué área de tu vida sientes como si a tu corazón le faltara algo? Puede ser en una relación amistosa difícil, en alguna inseguridad como persona, en conductas autoderrotistas o en un patrón de pecado o fracaso. Haz un resumen breve de tu situación específica.

b. ¿Cuál es el punto de fallo específico en tu corazón relacionado con el área que has identificado? Por ejemplo, si identificaste una relación amistosa difícil, el punto de fallo en tu corazón puede ser tu incapacidad para perdonar, una falta de esperanza para una reconciliación o penas pasadas.

c. ¿Cómo esta situación descrita en «b» te ha llevado a decir o a hacer cosas que han herido o han afectado negativamente a otras personas? Piensa tanto en amistades viejas como nuevas.

5. El camino que José tuvo que recorrer para la reconciliación con su familia fue largo y difícil, pero comenzó con una pequeña acción de misericordia y gracia. Llenó los sacos de sus hermanos con grano y secretamente les devolvió el dinero que habían pagado por él. Un regalo, sin lugar a dudas.

a. José les dio a sus hermanos lo que más necesitaban. Estos venían preparados para comprar y pagar, pero él se los obsequió. ¿Qué es lo que te parece que los miembros de tu familia más necesitan que tú les des en conexión con el pasado?

b. ¿Cuál te parece que es el gesto más pequeño de misericordia y gracia que Dios te está invitando a extender a algún miembro de tu familia?

CAPÍTULO 11

La venganza parece dulce, sin embargo...

1. La venganza es represalia; es decir, es un intento por equilibrar la balanza de la justicia al castigar a alguien que nos ha agraviado. En algunos casos, como ocurrió con Joseph Richardson y su «Casa del fastidio», la venganza puede llegar a extremos insospechados.

   a. Como Richardson, algunas personas se vengan usando formas definitivamente hostiles. Otros la guardan para ellos: se retiran emocionalmente e incluso cortan toda relación. ¿Qué forma —expresada o guardada— describe mejor tu tendencia?

   b. Identifica una o dos formas sutiles o no en que te hayas vengado de alguien que te hizo daño. ¿En qué forma tus actos afectaron a la otra persona? ¿Y cómo te afectaron a ti?

2. El apóstol Pedro se refiere al tema de la venganza poniéndolo en el contexto de nuestra relación con Cristo:

   Cristo padeció por nosotros, dejándonos ejemplo, para que sigáis sus pisadas... cuando le maldecían, no respondía con maldición; cuando padecía, no amenazaba, sino encomendaba la causa al que juzga justamente. (1 Pedro 2.21, 23)

a. La palabra griega traducida como «encomendaba» es *paradidōmi*, que quiere decir entregar en custodia a otra persona. En la antigua Grecia se utilizaba para describir la entrega de un cautivo o un prisionero a la corte.[8] Usando esta imagen como referencia, ¿cómo podrías describir lo que significa encomendarse uno mismo a Dios en lugar de vengarse?

b. Medita en lo que has leído sobre el encuentro de José y sus hermanos e identifica las formas en que se encomendó él mismo y cuánto había sufrido, a Dios.

c. ¿En qué manera te habla este pasaje respecto de tus sufrimientos o deseos de venganza?

3. «¿Ajustar cuentas con tus enemigos? Ese es trabajo de Dios. ¿Perdonar a tus enemigos? Ah, ahí es donde tú y yo nos reunimos» (p. 120). Como creyentes, tenemos que ir más allá de la venganza; el mandamiento es amar a nuestros enemigos:

Oísteis que fue dicho: Amarás a tu prójimo, y aborrecerás a tu enemigo. Pero yo os digo: Amad a vuestros enemigos, bendecid a los que os maldicen, haced bien a los que os aborrecen, y orad por los que os ultrajan y os persiguen; para que seáis hijos de vuestro Padre que está en los cielos, que hace salir su sol sobre malos y buenos, y que hace llover sobre justos e injustos. (Mateo 5.43–45)

a. ¿Qué características son ciertas en ti cuando te encuentras en tu mejor momento? Escribe no más de unas cinco frases. Por ejemplo, podrías decir algo así como: «Soy amable, afectuoso e imaginativo».

b. ¿Qué pensamientos vienen a tu mente cuando meditas en dar lo mejor de ti, tu yo creado por Dios, a las personas que necesitas perdonar o que encuentras difíciles de amar?

4. «Así es de vacilante el perdón. Avanza a trompicones. Días buenos y días malos... Pero todo eso está bien. Cuando se trata de perdonar, todos somos principiantes... En la medida en que estás tratando de perdonar, estás siendo perdonado» (pp. 121).

   a. Piensa brevemente en los esfuerzos que has hecho para perdonar a alguien. ¿Cuál fue tu forma de proceder? ¿Te pareció como si estuvieras haciendo una decisión de una sola vez? ¿Fue un proceso gradual o actuaste en forma abrupta?

   b. ¿Cómo te evaluarías ahora en relación con el perdón? ¿Se podría decir que estás tratando sinceramente de perdonar o estás evitando hacerlo?

   c. La instrucción de Jesús en el pasaje de Mateo 5 es «responde con todas las fuerzas de tu oración». ¿Cómo podrías orar específicamente para beneficio y bendición de la persona que te hizo daño?

CAPÍTULO 12

El Príncipe es tu hermano

1. «Los hermanos mayores pueden hacer toda la diferencia» (p. 126).

   a. En tu opinión ¿cuál es la característica que define el ideal del hermano (o hermana) mayor? Escribe unas pocas palabras o frases.

   b. ¿Recuerdas cuáles fueron tus mayores necesidades de un hermano mayor cuando estabas creciendo? ¿En qué situaciones necesitaste más a alguien que encarnara las características que escribiste en «a»?

   c. En tales situaciones, ¿cómo te afectó tener, o no tener, un protector?

   d. ¿Cuáles son, actualmente, tus necesidades de un hermano mayor? ¿Cuándo es que más anhelas tener a alguien que esté a tu lado en las formas que has descrito arriba?

2. José y sus hermanos compartieron una reunión tremendamente dramática y tierna (pp. 127–128).

   a. Mientras lees la historia, ¿en qué maneras te identificas con José, que estaba en una posición de autoridad y tuvo que decidir si perdonaba o no?

   b. ¿En qué maneras te identificarías con los hermanos que se veían vulnerables, agotados y tremendamente necesitados de perdón?

c.   Lee Génesis 45.1–15. ¿Qué características de hermano mayor reconoces en el tratamiento que José da a sus hermanos?

3.   El apóstol Pablo nos ofrece una imagen fascinante de Cristo como hermano:

Porque a los que antes conoció, también los predestinó para que fuesen hechos conformes a la imagen de su Hijo, para que él sea el primogénito entre muchos hermanos [...] ¿Quién es el que condenará? Cristo es el que murió; más aun, el que también resucitó, el que además está a la diestra de Dios, el que también intercede por nosotros. (Romanos 8.29, 34)

Lee de nuevo la última línea de este pasaje:

El que murió [...] que también resucitó, el que además está a la diestra de Dios, el que también intercede por nosotros. (v. 34)

a.   La Biblia tiene muchas metáforas para Cristo, incluyendo la de un pastor (Juan 10.11), una vid (15.5), luz (8.12) y pan (6.35). ¿Qué ideas exclusivas de la imagen de Cristo como hermano —especialmente primogénito— proporcionan estas metáforas acerca de quién es él?

b.   ¿En qué manera, si la hay, has experimentado a Cristo como alguien que se preocupa por ti cual hermano mayor ideal (refiérete a la pregunta 1)?

c.   ¿En qué manera necesitas que Jesús dé la cara por ti para defenderte en las circunstancias que estás enfrentando?

4. «Tú vas a salir de esto. No porque seas fuerte sino porque tu Hermano lo es. No porque seas bueno sino porque tu Hermano lo es» (p. 133).

    a. En tus actuales circunstancias, ¿de qué manera tiendes más a confiar en tus propias fuerzas o te esfuerzas por ser «bueno» para poder salir adelante?

    b. ¿Qué es lo que te complica confiar en Cristo ante estas cosas que te suceden y esperar en él para que te ayude a superar la situación que estás experimentando?

CAPÍTULO 13

Adiós a los adioses

1. «La muerte es el adiós más difícil de todos» (p. 138).

   a. ¿A quién has tenido que darle el último adiós? ¿Qué sentimiento de pérdida adicional hizo más profundo tu dolor después de la muerte de esa persona? ¿La pérdida de esperanzas o planes para el futuro, la compañía y las celebraciones juntos?

   b. Aun si no hemos perdido a un ser querido por la vía del fallecimiento, el sufrimiento siempre incluye algún tipo de pérdida. ¿Qué pérdidas sientes que has tenido en medio de las dificultades por las que estás pasando actualmente? ¿Pérdida de seguridad, de una amistad, de una oportunidad, de un empleo, de la libertad, de la salud, de los sueños?

2. «El resto del mundo sigue adelante; tú anhelas hacer lo mismo. Pero no puedes; no puedes decir adiós» (p. 142). Muchas veces nos resistimos a decir adiós porque al hacerlo estamos aceptando que hemos perdido para siempre a alguien o algo que amamos.

   a. ¿De cuál o cuáles de las pérdidas que escribiste en la pregunta 1 podrías decir que sigues sufriendo o ya has superado?

   b. ¿Qué es lo que hace especialmente difícil para ti decir adiós?

3. Dedica unos momentos para sumergirte en las verdades bíblicas que se refieren al cielo. Mientras lees detenidamente en tu Biblia los

siguientes pasajes, escribe las palabras o frases que te parecen más significativas para tu situación específica.

Apocalipsis 21.3–4	Apocalipsis 22.3–5
2 Corintios 5.1–5	Salmos 16.11
Juan 14.1–3	1 Juan 3.2
Filipenses 3.20–21	Lucas 22.28–30
1 Corintios 15.50–54	

a. Vuelve a leer las palabras y frases que escribiste. ¿Qué relación estableces entre tus palabras, tus frases y las pérdidas que identificaste en la pregunta 1?

b. ¿Qué consuelo o seguridad encontraste en estos versículos?

4. C. S. Lewis escribió:

Tanto lo bueno como lo malo, cuando se desarrollan plenamente, llegan a ser retrospectivos... Esto es lo que los mortales no entienden. De los sufrimientos temporales, dicen: «Ninguna futura bienaventuranza puede hacerlo» ignorando que el cielo, una vez alcanzado, trabajará retrospectivamente para hacer que esa agonía se transforme en gloria.[9]

a. ¿Cómo respondes a la idea que el bien se desarrolla, que comienza en un estado de inmadurez para llegar a estar «plenamente desarrollado»? ¿De qué manera esto afirma o desafía tus experiencias?

b. En el entendido de que algunas cosas alcanzarán su pleno desarrollo solo en el cielo, ¿cómo evaluarías el desarrollo de la bondad en cuanto a tus actuales pérdidas o dificultades? ¿Se mantiene aún como una semilla bajo tierra o está empezando a brotar? ¿Creciendo normalmente y produciendo frutos?

c. ¿Qué viene a la mente cuando piensas en el cielo como algo que trabaja retrospectivamente en tu vida? ¿Qué es la primera cosa que esperas que será transformada en la gloria?

5. El autor de Hebreos nos invita a vernos como atletas en una carrera en el estadio (12.1–3). Imagínate completando una vuelta en la carrera de larga distancia en la que intervienes, los gritos de aliento de la multitud te ensordecen. Como en tu caso los que te alientan no son meros espectadores, sino atletas triunfadores, ellos saben lo que significa no solo llegar a la meta, sino ganar la carrera. Entre los que te dan ánimo están los grandes corredores de la historia: Abraham, Sara, Isaac, Jacob, José y todos los que han terminado sus carreras antes que tú (capítulo 11). Todos en el estadio se ponen de pie. Y todos te gritan: «¡Corre! ¡Corre! ¡Corre!».

a. Y mientras corres, ¿qué rostros quieres ver entre la multitud de testigos que te rodean? Piensa en los personajes bíblicos que son tan importantes para ti así como en los seres queridos que han finalizado la carrera antes que tú.

b. ¿Qué es lo que más deseas oír proveniente de los que forman la multitud que te da aliento? ¿Qué estímulo te ayudará a seguir corriendo fijando tus ojos en Jesús y en el gozo que tienes ante ti?

CAPÍTULO 14

Mantén la calma y sigue adelante

1. José asumió que Dios estaba presente en su crisis. «Dios precedió el hambre. Dios sobreviviría a la hambruna. Dios estaba por sobre todas las hambrunas» (p. 151).

   a. ¿En qué grado crees que Dios está presente en las dificultades que confrontas hoy? ¿Es tu nivel de creencia muy bajo, moderado, alto? ¿Cómo lo describirías?

   b. Nombra dos o tres factores que han sido los que más han influido en tu evaluación. Incluye acontecimientos pasados o recientes, experiencias, amistades, opiniones.

2. Max presentó dos historias acerca de cómo Dios tomó algo que inicialmente era doloroso y lo usó para alcanzar algo extremadamente bueno (pp. 152–153).

   a. ¿Qué situación dolorosa esperas que, en las actuales dificultades, Dios transforme en algo bueno?

   b. ¿Crees que si supieras lo que Dios va a hacer con tu dolor cambiaría tu actual experiencia?

3. En la competencia al Polo Sur, Roald Amundsen siguió un plan según el cual tenía que avanzar entre veintitrés y treinta kilómetros al día,

sin importar las condiciones del tiempo; Robert Scott no siguió ningún plan, avanzando a marchas forzadas durante el buen tiempo y deteniéndose durante los días malos. En un libro que publicó con posterioridad a la carrera, Amundsen escribió: «La victoria espera a quien tiene todo en orden; la gente lo llama buena suerte. Y el fracaso es seguro para quienes se resisten a tomar las precauciones necesarias a tiempo: a esto se le llama mala suerte».[10]

a. ¿Qué similitudes reconoces entre la estrategia de Amundsen y la filosofía para conquistar los peligros del Polo Sur y la forma en que José se impuso a la crisis de la hambruna?

b. ¿Qué crees que significa «tomar las precauciones necesarias a tiempo» cuando te encuentras en medio de una crisis personal seria? A modo de referencia, podrías pensar en la forma en que José hizo no solo eso cuando tuvo en sus manos el poder y la autoridad para lidiar con la hambruna, sino también cómo lo hizo cuando fue siervo en la casa de Potifar y preso en la cárcel.

c. ¿Crees que tu tendencia es ser más como Scott, dejando que los días buenos y los días malos determinen tu desempeño, o más como Amundsen, haciendo progresos sostenidos sin que importen las circunstancias?

d. ¿En qué manera las historias de estos dos hombres te podrían guiar en tu situación personal? ¿En qué forma te motivarían?

4. El experto en asuntos gerenciales Jim Collins y Morten Hansen identificaron el autocontrol como la característica distintiva principal de los líderes corporativos que triunfaron en tiempos difíciles (p. 156). El escritor Dallas Willard define el autocontrol como «la capacidad constante de autodirigirte para alcanzar lo que has escogido o decidido hacer y ser, "aun cuando no lo desees"».[11]

a. Al reflexionar sobre la crisis y el reto que estás enfrentando, ¿en qué punto tiendes a perder confianza en tu capacidad para ejercer autocontrol»? ¿Qué factores lo hacen especialmente difícil para ti?

b. La promesa de la Escritura es que «Dios es el que en vosotros produce así el querer como el hacer, por su buena voluntad» (Filipenses 2.13). ¿Qué querer y poder hacer necesitas de parte de Dios para resistir ese «no siento el impulso para hacerlo»?

5. «Tú puedes elaborar una estrategia. Recuerda, Dios está en esta crisis. Pídele que te dé un plan del tamaño de una tarjeta y dos o tres pasos que puedas dar hoy» (p. 156).

a. Dependiendo del punto en el que te encuentres en tu crisis o dificultad, un plan puede ser tan corto como enfrentar las demandas de la próxima hora o tan largo como planificar semanas o meses por adelantado. ¿Con cuál plazo de tiempo te sentirías más cómodo? ¿Una hora, un día, una semana o más?

b. ¿Qué es lo que intentarías alcanzar con el periodo de tiempo escogido? Procura mantener tus metas bien claras y medibles. Por ejemplo, «confiar más en Dios» es algo bueno pero a la vez es una meta difícil de medir. Una meta más fácil de medir sería: «Cada vez que me dé temor, voy a encomendarme a Dios y voy a escribir una breve oración en mi diario».

c. Menciona dos o tres pasos más que puedas dar para avanzar en procura de tu meta. Si necesitas ayuda para identificar o seguir a través de los pasos siguientes, ¿a quién podrías contactar para conseguir esa ayuda?

CAPÍTULO 15

Mal. Dios. Bien.

1. A continuación encontrarás una lista de las verdades bíblicas que has explorado a lo largo de *Saldrás de esta*.

   - Nada en mi vida es desconocido para Dios (Salmos 139).
   - Dios está cerca de mí (Salmos 23.4).
   - El Señor llevará a cabo sus planes para mi vida (Salmos 138.8).
   - Dios usa las pruebas para entrenarme y prepararme (Santiago 1.2–4); todas las pruebas son temporales (1 Pedro 1.6).
   - Dios siempre está actuando en mí (Filipenses 1.6).
   - Puedo esperar en el Señor porque él es fiel, misericordioso y todopoderoso (Salmos 130.5–7).
   - La recompensa por la perseverancia es una vida gloriosa (Santiago 1.12).
   - Una perspectiva eterna pone mis tribulaciones en perspectiva (2 Corintios 4.17).
   - Jesús aboga por mí (Romanos 8.34).
   - En las manos de Dios lo que pretendía ser malo llega a ser bueno (Génesis 50.20).

   a. ¿Cómo han afectado estas verdades tu forma de ver los desafíos que vienen a tu vida? ¿En qué formas, si puedes mencionar algunas, podrías decir que eso representa un cambio desde donde estabas al comienzo de este libro?

b. Menciona dos o tres verdades que consideras ahora las más importantes para ti. ¿Qué necesidades suplen estas verdades?

c. Escribe una declaración personalizando una o más de las verdades que son importantes para ti. Por ejemplo: Dios ya sabe a lo que me veré enfrentado mañana. Ninguna cosa mala impedirá que Dios lleve adelante sus planes para mí. Dios está cerca cuando me siento solo. Mis sufrimientos no son algo insignificante. Dios los puede usar para prepararme y los hará producir algo bueno.

d. Piensa en cómo puedes hacer que tu declaración personal sea un recordatorio concreto de la fidelidad de Dios hacia ti. Podrías compartirlo con dos o tres amigos y pedirles que te envíen un correo electrónico o un mensaje de texto durante la semana. Memoriza la Escritura sobre la cual está basada tu declaración. Y colócala en un lugar donde la puedas ver diariamente. Imprime tu declaración en una pequeña tarjeta y colócala en una maceta de plantas como un recordatorio visual de que tu fe está creciendo aun en este tiempo difícil.

2. «Cuando Dios está en medio de una vida, lo malo llega a ser bueno» (p. 162).

   a. Haz un cuadro de tres columnas en una hoja de papel. Empieza con la primera columna a la izquierda. Titula las columnas Mal. Dios. Bien.

   b. En la primera columna escribe dos o tres frases con asuntos específicos que estás enfrentando.

   c. En la segunda columna anota los detalles del carácter de Dios que son relevantes a esta situación.

d. En la tercera columna anota cualquiera cosa buena que a tu parecer se ha producido por la actividad de Dios en la situación que has estado pasando. Si te resulta difícil identificar algo bueno, piensa en lo bueno de tu esperanza que al fin resultará de lo que estás sufriendo. A continuación puedes encontrar algunos ejemplos.

MAL	DIOS	BIEN
Perdí mi trabajo.	Dios es generoso, soberano y está siempre cerca. Los cambios no lo desconciertan ni intimidan.	Ya no voy a hacer depender mi seguridad del trabajo que tenga. Mi seguridad está en las manos de Dios.

3. Max comparte la historia de Christine Caine (pp. 163–164) para demostrar cómo puede Dios usar nuestras oscuridades para derramar luz.

a. Al pensar en lo que escribiste en el cuadro de tres columnas, ¿qué «luz» sientes que Dios te está invitando a proyectar?

b. Responder a la invitación de Dios no requiere necesariamente imaginarse todo de una vez, sino que basta con dar el primer paso por pequeño que sea. ¿Qué sencillo primer paso podrías dar dentro de las próximas veinticuatro horas como una respuesta a la invitación de Dios?

4. El capítulo 1 plantea el mensaje del libro a través de la siguiente afirmación: «Saldrás de esta. No será sin dolor. No será de un día para otro. Pero Dios usará este enredijo para bien. Mientras tanto, mantén la calma y no hagas ninguna tontería. No te desesperes. Con la ayuda de Dios, saldrás de esta».

a. Dedica un tiempo breve a pensar en tu experiencia personal al leer este libro. Medita especialmente en las formas en que has experimentado el cuidado de Dios (en términos de consuelo, aliento, sabiduría, provisión, perseverancia).

b. ¿De qué manera el cuidado de Dios te ayuda a «salir de esta»?

c. Aparta un tiempo para orar. Expresa tu gratitud a Dios por todas las maneras en que te ha mostrado su cuidado. Comparte con él tus preguntas y tus luchas y pídele lo que estás necesitando ahora mismo. Toma unos momentos de quieto silencio invitando a Dios a que te diga cuánto te ama. Cierra este momento con alabanza por lo que él es y por su soberanía con tu vida.

Notas

Capítulo 1: Saldrás de esta

1. Énfasis del autor.
2. Spiros Zodhiates, ed., *The Hebrew-Greek Key Word Study Bible: Key Insights into God's Word, New American Standard Bible*, ed. rev. (Chattanooga, TN: AMG, 2008). Génesis 50.20. Ver también «Greek/ Hebrew Definitions», Bible Tools, #2803 de Strong, *chashab*, www. bibletools.org/index.cfm/fuseaction/Lexicon.show/ID/H2803/chashab. htm.
3. En Génesis 13.4 se usa el mismo término («él había... *construido* un altar» [NVI]), Job 9.9 («Él *hizo* la Osa»), y Proverbios 8.26 («él *hizo* la tierra» [NVI]).
4. Zodhiates, *The Hebrew-Greek Key Word Study Bible*, Génesis 50.20. Ver también *Strong's Exhaustive Bible Concordance Online*, #6213, www. biblestudytools.com/lexicons/hebrew/nas/asah.html.
5. Génesis 50.20 es traducido de *The Message*.
6. Énfasis del autor.
7. Es probable que José haya tenido diecisiete años cuando fue vendido a los madianitas (Génesis 37.2). Tenía veintiocho cuando el jefe de los coperos, que había prometido ayudarle a salir de la cárcel, fue liberado (40.21–23). Dos años después, cuando tenía treinta, interpretó los sueños de Faraón (41.1, 46). Y tendría unos treinta y nueve cuando sus hermanos llegaron a Egipto por segunda vez (45.1–6), en el segundo año de la hambruna después de los siete años de abundancia.

Capítulo 2: Bajando, bajando, bajando a Egipto

1. «Para los egipcios es abominación todo pastor de ovejas» (Génesis 46.34).

Capítulo 3: Solo pero no del todo

1. JJ Jasper, conversación personal con el autor. Usada con permiso.
2. Thomas Lye, «How Are We to Live by Faith on Divine Providence?» en *Puritan Sermons 1659–1689* (Wheaton, IL: Richard Owen Roberts, editor, 1981), 1:p. 378.
3. Énfasis del autor.
4. Énfasis del autor.
5. Edward Mote, «The Solid Rock» en *Sacred Selections for the Church*, comp. y ed. Ellis J. Crum (Kendallville, IN: Sacred Selections, 1960), p. 120.
6. Agustín, *Saint Augustine: Sermons in the Liturgical Seasons*, trad. Sister Mary Sarah Muldowney (Nueva York: Fathers of the Church, 1959), pp. 85–86.
7. Énfasis del autor.

Capítulo 4: La estupidez no se arregla con estupidez

1. Génesis 39.5.
2. David M. Edwards. «Song Story; Take My Hand, Precious Lord: The Life of Thomas Dorsey», *Worship Leader Magazine*, marzo/abril 2010, pp. 64–65. Copyright © 2010 por Worship Leader Partnership. Usado con permiso. Todos los derechos reservados.
3. Ibíd., p. 65.
4. «Take My Hand, Precious Lord», letra y música por Thomas A. Dorsey ©1938 (renovado) WARNER-TAMERLANE PUBLISHING CORP. Todos los derechos reservados. Usado con permiso de ALFRED MUSIC. Traducido con permiso de ALFRED MUSIC.
5. Edwards, «Song Story», p. 65.

Capítulo 5: ¡Ah, así que esto es un campamento de entrenamiento!

1. Howard Rutledge y Phyllis Rutledge con Mel White y Lyla White, *In the Presence of Mine Enemies —1965–1973: A Prisoner of War* (Nueva York: Fleming H. Revell, 1975), pp. 33, 35.
2. Énfasis del autor.

3. Spiros Zodhiates, ed., *The Hebrew-Greek Key Word Study Bible: Key Insights into God's Word*, New American Standard Bible, ed. rev. (Chattanooga, IN: AMG, 2008), #977, p. 1817. Ver también *Strong's Concordance with Hebrew and Greek Lexicon*, http://eliyah.com/cgi-bin/strongs.cgi?file=hebrewlexicon&isindex=977.

4. Énfasis del autor.

5. Bob Benson, «*See You at the House*»; *The Stories Bob Benson Used to Tell* (Nashville: Generoux, 1986), pp. 202–203.

6. Rutledge y Rutledge, *In the Presence*, pp. 39–52.

Capítulo 6: Espera mientras Dios trabaja

1. Salmos 46.10.

Capítulo 7: Más rebotes que Bozo

1. Jay Kirk. «Burning Man», GQ.com, febrero 2012, http://www.gq.com/news-politics/newsmakers/201202/burning-man-sam-brown-jay-kirk-gq-february-2012, pp. 108–15; Sam Brown, conversación personal con el autor. Usado con permiso.

Capítulo 8: ¿Es bueno Dios aunque la vida no lo sea?

1. Christyn Taylor, CaringBridge.org, 22 agosto 2010, http://www.caringbridge.org/visit/rebeccataylor1. Usado con permiso.

2. Joni Eareckson Tada, «God's Plan A», en *Be Still, My Soul: Embracing God's Purpose and Provision in Suffering*, ed. Nancy Guthrie (Wheaton, IL: Crossway, 2010), pp. 32–33, 34.

3. Donald G. Bloesch, *The Struggle of Prayer* (Colorado Springs, CO: Helmers and Howard, 1988), p. 33.

4. Taylor, CaringBridge.

Capítulo 9: Un toque de gratitud con esa actitud, por favor

1. Henry Ward Beecher, *Proverbs from Plymouth Pulpit: Selected from the Writing and Sayings of Henry Ward Beecher*, comp. William Drysdale (Nueva York: D. Appleton, 1887), p. 13.

2. Gratitud especial a Daniel por permitirme usar su historia.

Capítulo 10: Veamos ahora algunos de esos escándalos y canalladas de familia

1. Génesis 37.2.
2. Génesis 43.30; 45.2, 14, 15; 46.29; 50.1, 17.

Capítulo 11: La venganza parece dulce, sin embargo...

1. «Spite House», New York Architecture Images, nyc-architecture.com, http://nyc-architecture.com/GON/GON005.htm (acceso obtenido 1 junio 2013).
2. *Strong's Exhaustive Bible Concordance Online*, #5117, www.biblestudytools.com/lexicons/greek/nas/topos.html.

Capítulo 12: El Príncipe es tu hermano

1. Rick Reilly, «Matt Steven Can't See the Hoop. But He'll Still Take the Last Shot», Life of Reilly, ESPN.com, 11 marzo 2009, http://sports.espn.go.com/espnmag/story?id=3967807. Ver también Gil Spencer, «Blind Player Helps Team See the Value of Sportsmanship», *Delaware County Daily Times*, 25 febrero 2009, www.delcotimes.com/articles/2009/02/25/sports/doc49a4c50632d09134430615.txt.
2. En venganza por un ataque a su hermana, Simeón y Leví dieron muerte a todos los hombres en la aldea de Siquem (Génesis 34).
3. Énfasis del autor.

Capítulo 13: Adiós a los adioses

1. «John Herschel Glenn, Jr. (Coronel, USMC, Ret.) NASA Astronaut (Former)», National Aeronautics and Space Administration, Biographical Data, www.jsc.nasa.gov/Bios/htmlbios/glenn-j.html.
2. Bob Greene, «John Glenn's True Hero», CNN.com, 20 febrero 2012, http://www.cnn.com/2012/02/19/opinion/greene-john-annie-glenn.
3. De una conversación con Steven Chapman el 30 de noviembre de 2011. Usado con permiso.
4. Todd Burpo con Lynn Vincent, *El cielo es real: la asombrosa historia de un niño pequeño de su viaje al cielo de ida y vuelta* (Nashville: Grupo Nelson, 2011), pp. 107–108.

Capítulo 14: Mantén la calma y sigue adelante

1. «The Story of Keep Calm and Carry On», YouTube video, 3:01, publicada por Temujin Doran, www.youtube.com/watch?v=FrHkKXFRbCI&sns=fb (acceso obtenido 1 junio 2013). Ver también *Keep Calm and Carry On: Good Advice for Hard Times* (Kansas City, MO: Andrews McMeel, 2009), introducción.

2. Jim Collins, «How to Manage Through Chaos», CNN Money, 30 septiembre 2011, management.fortune.cnn.com/2011/09/30/jim-collins-great-by-choice-exclusive–except.

3. Ibíd.

Capítulo 15: Mal. Dios. Bien.

1. Christine Caine, *Undaunted: Daring to Do What God Calls You to Do* (Grand Rapids: Zondervan, 2012), p. 48.

2. Ibíd., pp. 48–49.

3. Ibíd., p. 191.

4. Christine Caine, comunicación personal con el autor, 8 octubre 2012.

Preguntas para reflección

1. Francis Brown, S. R. Driver, Charles A. Briggs, *Brown-Driver-Briggs Hebrew and English Lexicon* (Peabody, MA: Hendrickson, 1996), pp. 595–96.

2. C. S. Lewis, *The Problem of Pain* (Nueva York: Macmillan, 1962), p. 93 [*El problema del dolor* (Nueva York: Rayo, 2006)].

3. Dallas Willard, *The Divine Conspiracy: Rediscovering Our Hidden Life in God* (San Francisco: HarperSanFrancisco, 1998), p. 344.

4. C. S. Lewis, *God in the Dock* (Grand Rapids: Wm. B. Eerdmans, 1970), p. 52 [*Dios en el banquillo* (Madrid: Rialp, 2006)].

5. Craig L. Blomberg y Mariam J. Kamell, *James*, vol. 16 de *Zondervan Exegetical Commentary on the New Testament*, gen. ed. Clinton E. Arnold (Grand Rapids: Zondervan, 2008), p. 49.

6. Scot McKnight, *The Letter of James*, The New International Commentary on the New Testament (Grand Rapids: Wm. B. Eerdmans, 2011), p. 71.

7. Alexander Schmemann, *For the Life of the World: Sacraments and Orthodoxy* (Crestwood, NY: St. Vladimir's Seminary Press, 1973), p. 15.

8. Hartmut Beck, *New International Dictionary of New Testament Theology*, vol. 2, gen. ed., Colin Brown (Grand Rapids: Zondervan, 1986), «paradidōmi».

9. C. S. Lewis, *The Great Divorce* (Nueva York: Macmillan, 1946), p. 67 [*El gran divorcio* (Madrid: Rayo, 2006)].

10. Roald Amundsen, *The South Pole* (Seattle: CreateSpace Independent Publishing Platform, 2012), p. 139 [*El polo sur* (Madrid: La España Moderna, s.f.)].

11. Dallas Willard, *Renovation of the Heart: Putting on the Character of Christ* (Colorado Springs: NavPress, 2002), p. 127 [*Renueva tu corazón: sé como Cristo* (Barcelona: Terrassa Clie, 2004)].

Acerca del autor

Con más de 100 millones de productos impresos, Max Lucado es uno de los autores más leídos de Estados Unidos de América. Sirve a la iglesia Oak Hills en San Antonio, Texas, donde vive con su esposa, Denalyn, y su dulce aunque travieso perro, Andy.

La guía del lector de Lucado

Descubre... dentro de cada libro por Max Lucado, vas a encontrar palabras de aliento e inspiración que te llevarán a una experiencia más profunda con Jesús y encontrarás tesoros para andar con Dios. ¿Qué vas a descubrir?

3:16, Los números de la esperanza
...las 28 palabras que te pueden cambiar la vida.
Escritura central: Juan 3.16

Acércate sediento
...cómo rehidratar tu corazón y sumergirte en el pozo del amor de Dios.
Escritura central: Juan 7.37–38

Aligere su equipaje
...el poder de dejar las cargas que nunca debiste cargar.
Escritura central: Salmo 23

Aplauso del cielo
...el secreto a una vida que verdaderamente satisface.
Escritura central: Las Bienaventuranzas, Mateo 5.1–10

Como Jesús
...una vida libre de la culpa, el miedo y la ansiedad.
Escritura central: Efesios 4.23–24

Cuando Cristo venga
...por qué lo mejor está por venir.
Escritura central: 1 Corintios 15.23

Cuando Dios susurra tu nombre
...el camino a la esperanza al saber que Dios te conoce, que nunca se olvida de ti y que le importan los detalles de tu vida.
Escritura central: Juan 10.3

Cura para la vida común
...las cosas únicas para las cuales Dios te diseñó para que hicieras en tu vida.
Escritura central: 1 Corintios 12.7

Él escogió los clavos
...un amor tan profundo que escogió la muerte en una cruz tan solo para ganar tu corazón.
Escritura central: 1 Pedro 1.18–20

El trueno apacible
...el Dios que hará lo que se requiera para llevar a sus hijos de regreso a él.
Escritura central: Salmo 81.7

En el ojo de la tormenta
...la paz durante las tormentas de tu vida.
Escritura central: Juan 6

En manos de la gracia
...el regalo mayor de todos, la gracia de Dios.
Escritura central: Romanos

Enfrente a sus gigantes
...cuando Dios está de tu parte, ningún desafío puede más.
Escritura central: 1 y 2 Samuel

Gracia
...el regalo increíble que te salva y te sostiene.
Escritura central: Hebreos 12.15

Gran día cada día
...cómo vivir con propósito te ayudará a confiar más y experimentar menos estrés.
Escritura central: Salmo 118.24

La gran casa de Dios
...un plano para la paz, el gozo y el amor que se encuentra en el Padre Nuestro.
Escritura central: El Padre Nuestro, Mateo 6.9–13

Más allá de tu vida
...un Dios grande te creó para que hicieras cosas grandes.
Escritura central: Hechos 1

Mi Salvador y vecino
...un Dios que caminó las pruebas más difíciles de la vida y todavía te acompaña en las tuyas.
Escritura central: Mateo 16.13–16

Sin temor
...cómo la fe es el antídoto al temor en tu vida.
Escritura central: Juan 14.1, 3

Todavía remueve piedras
...el Dios que todavía obra lo imposible en tu vida.
Escritura central: Mateo 12.20

Un amor que puedes compartir
...cómo vivir amado te libera para que ames a otros.
Escritura central: 1 Corintios 13

Lecturas recomendadas si estás luchando con...

EL TEMOR Y LA PREOCUPACIÓN

Acércate sediento
Aligere su equipaje
Mi Salvador y vecino
Sin temor

EL DESÁNIMO

Mi Salvador y vecino
Todavía remueve piedras

LA MUERTE DE UN SER QUERIDO

Aligere su equipaje
Cuando Cristo venga
Cuando Dios susurra tu nombre
Mi Salvador y vecino

LA CULPA

Como Jesús
En manos de la gracia

EL PECADO

Él escogió los clavos
Enfrente a sus gigantes

EL AGOTAMIENTO

Cuando Dios susurra tu nombre

Lecturas recomendadas si quieres saber más acerca de...

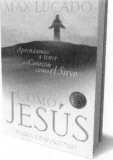

LA CRUZ
Él escogió los clavos

LA GRACIA
Gracia
Él escogió los clavos
En manos de la gracia

EL CIELO
El aplauso del cielo
Cuando Cristo venga

COMPARTIR EL EVANGELIO
Dios se acercó
Gracia

Lecturas recomendadas si estás buscando más...

CONSUELO

Aligere su equipaje
Él escogió los clavos
Mi Salvador y vecino

COMPASIÓN

Más allá de tu vida

VALOR

Enfrente a sus gigantes
Sin temor

ESPERANZA

3:16, Los números de la
esperanza
El trueno apacible
Enfrente a sus gigantes
Gracia

GOZO

Aplauso del cielo
Cuando Dios susurra tu nombre
Cura para la vida común

AMOR

Acércate sediento
Un amor que puedes compartir

PAZ

Aligere su equipaje
En el ojo de la tormenta
La gran casa de Dios

SATISFACCIÓN

Acércate sediento
Cura para la vida común
Gran día cada día

CONFIANZA

Mi Salvador y vecino
El trueno apacible

¡Los libros de Max Lucado son regalos espectaculares!

Si te estás acercando a una ocasión especial,
considera uno de estos.

PARA ADULTOS:

Gracia para todo momento
Un cafecito con Max

PARA NIÑOS:

El corderito tullido
Hermie, una oruga común
Por si lo querías saber

PARA LA NAVIDAD:

El corderito tullido
Dios se acercó